no altar

DJESSI

no altar

63 dias para você mudar hábitos e atingir a plenitude do seu *corpo, mente e espírito*

Copyright © Djessi, 2025. Todos os direitos reservados.

Todos os direitos desta publicação são reservados à Vida Melhor Editora Ltda. Nenhuma parte desta obra pode ser apropriada e estocada em sistema de banco de dados ou processo similar, em qualquer forma ou meio, seja eletrônico, de fotocópia, gravação etc., sem a permissão dos detentores do copyright.

As citações bíblicas são da Nova Versão Internacional (NVI), da Bíblica Inc., a menos que seja especificada outra versão da *Bíblia Sagrada*.

Edição	Brunna Prado
Colaboração editorial	Águia editorial
Copidesque	Francine Torres
Revisão	Bruna Gama e Juliana Mota
Projeto gráfico e capa	Gabê Almeida
Diagramação	Sonia Peticov

Dados Internacionais de Catalogação na Publicação (CIP)
(Câmara Brasileira do Livro, SP, Brasil)

D624n Djessi
1. ed.   No altar / Djessi. – 1. ed. – Rio de Janeiro: Thomas Nelson Brasil, 2025.
         192 p.; il.; 14 × 18 cm.

ISBN: 978-65-5217-272-3 (capa dura)

1. Bíblia – Estudos. 2. Escrituras cristãs. 3. Espiritualidade – Cristianismo. 3. Literatura devocional. 4. Mulheres – Aspectos religiosos – Cristianismo. I. Título.

04-2025/47   CDD: 242

Índice para catálogo sistemático: 1. Literatura devocional: Cristianismo 242
    Bibliotecária responsável: Aline Graziele Benitez – CRB-1/3129

Os pontos de vista desta obra são de responsabilidade de seus autores e colaboradores diretos, não refletindo necessariamente a posição da Thomas Nelson Brasil, da HarperCollins Christian Publishing ou de suas equipes editoriais.

Thomas Nelson Brasil é uma marca licenciada à Vida Melhor Editora LTDA. Todos os direitos reservados à Vida Melhor Editora LTDA.

Rua da Quitanda, 86, sala 601A - Centro
Rio de Janeiro/RJ - CEP 20091-005
Tel.: (21) 3175-1030
www.thomasnelson.com.br

Dedico este livro primeiramente a Deus — meu Criador, Senhor e Salvador.

À minha mãe amada, Rosana Benfica, por me ensinar o caminho da salvação, por me guiar com fé e nunca desistir da nossa família.

Ao meu pai, por ser meu porto seguro e exemplo de força, lealdade e persistência.

Aos meus irmãos, que permanecem ao meu lado, aconteça o que acontecer.

E ao meu noivo amado, Eric, por realizar o maior sonho da minha vida: amar, ser amada e construir uma família.

introdução

Olá, pupila amada! Seja muito bem-vinda à jornada mais transformadora da sua vida!

Durante os próximos 63 dias, se você se comprometer a viver cada etapa com intencionalidade, sua vida vai mudar — e para melhor!

Este não é um livro apenas para leitura. É um convite à reflexão, à ação e à transformação, com base em três pilares fundamentais da nossa existência: corpo, mente e espírito.

Por que escolhi esse tema? Porque é exatamente assim que fomos criadas: integrais, complexas, únicas. A Bíblia nos lembra disso em 1Tessalonicenses 5:23:

Que o próprio Deus da paz os santifique por completo. Que todo o espírito, a alma [mente] e o corpo de vocês sejam preservados irrepreensíveis na vinda de nosso Senhor Jesus Cristo.

Por isso, nessa jornada, vamos cuidar de todas essas áreas com carinho, disciplina e direção do alto.

Essa jornada é um chamado à **santificação completa** — não apenas espiritual, mas também emocional, física e relacional. É sobre alinhar todas as áreas da sua vida com o propósito que Deus sonhou para você. Ele não quer apenas que você ore mais ou leia mais a Bíblia, mas que você viva com mais presença, consciência e plenitude. E isso começa no dia a dia: na forma como você se alimenta, como se relaciona com seu corpo, como administra suas emoções e como se conecta com a Palavra.

Essa missão nasceu em um momento delicado da minha vida. No Natal de 2021, peguei covid e fui obrigada a passar dias sozinha em casa. Aproveitei aquele tempo para orar e buscar em Deus um propósito mais profundo para minha caminhada. E Ele respondeu! Foi ali que nasceu o desejo de compartilhar as ações e os hábitos que me tiraram de uma vida desorganizada, marcada por noites mal dormidas, dívidas e falta de propósito, e me conduziram a uma nova realidade: uma mulher restaurada, disciplinada, com uma rotina equilibrada, hábitos saudáveis, alegria e prosperidade.

Deus me mostrou três pirâmides que representam cada dimensão da nossa vida:

- **Corpo:** sono, alimentação e atividade física
- **Mente (ou alma):** identidade, gratidão e perdão
- **Espírito:** oração, devocional e jejum

CORPO

MENTE

ESPÍRITO

Essa estrutura se tornou a base de tudo. Inspirada por ela, criei um desafio de 21 dias para minhas pupilas da época — e o impacto foi tão forte que recebo testemunhos até hoje. Mulheres que retomaram o controle da própria rotina, que venceram ciclos viciosos, que voltaram a sentir conectadas com Deus e com elas mesmas. Foi transformador.

Mais tarde, durante um acampamento em julho de 2022, ouvi claramente de Deus: "Escreva um livro. Alcance mais vidas." E aqui estamos.

Este devocional nasceu de vivências reais e profundas. Ele carrega histórias da minha caminhada com Deus e experiências marcantes que vivi ao longo desses anos, inclusive durante o tempo que morei nos Estados Unidos, em Israel, preguei na Espanha, estudei na Alemanha e ministrei em Dublin. Deus me levou por lugares que jamais imaginei visitar, e em cada um deles me ensinou algo novo sobre Ele e sobre mim. Muita coisa mudou, e esse livro é fruto dessa transformação.

Mas, para que esta jornada tenha um impacto real na sua vida, preciso da sua **participação ativa**. Comprometa-se. Siga as instruções. Leia o devocional pela manhã, se possível, e se esforce para colocar em prática a "Ação do Dia", sem postergá-la. Lembre-se: não existe mudança sem movimento. A espiritualidade que não encontra expressão prática no cotidiano acaba sendo esquecida, por mais bonita que pareça no papel.

Aqui, cada dia traz um convite prático para mudar hábitos, renovar pensamentos e abrir espaço para a presença de Deus em áreas que, muitas vezes, negligenciamos. E para acompanhar essa jornada de perto, comece separando um caderno só seu. Vamos chamá-lo de *Diário da Jornada*. Nele, você poderá ampliar seus *downloads do céu*, anotar suas reflexões, orações, *insights*, conquistas e até mesmo os desafios que surgirem no caminho. Esse diário será seu companheiro de crescimento — um espaço sagrado entre você e Deus.

Você também encontrará, ao longo do livro, momentos de autoavaliação com a Roda da vida (versão corpo, mente e espírito). Essa ferramenta vai te ajudar a perceber seu progresso — não apenas espiritual, mas também emocional e físico — com mais clareza. É uma forma de visualizar o que está mudando por dentro e por fora, como se sua jornada ganhasse forma no papel. E isso é poderoso.

Serão 63 dias de desafios, reflexões e descobertas. Você vai rir, chorar, suar a camisa e dobrar os joelhos. E vai perceber que, por mais difícil que pareça, Deus caminha com você em cada passo. Ele te sustenta, te transforma, te molda e te chama de volta ao lugar mais importante: **o altar**.

Convide alguém para caminhar com você. Compartilhe este livro com uma amiga, sua mãe, uma colega. Vamos viver essa jornada *No Altar* juntas. Não por obrigação, mas por **amor e desejo de viver a plenitude que só existe em Deus**.

E por que *No Altar*? Porque o altar é lugar de entrega, de transformação, de novos começos. É onde deixamos para trás o que já não serve mais e recebemos o novo de Deus. É onde somos perdoadas, moldadas e renovadas. O altar não é o fim; é o ponto de partida para a mulher que você foi criada para ser.

Então, bora viver nossa melhor versão no altar?
Deus abençoe você!

antes de começar...

Você está prestes a embarcar em uma jornada de 63 dias para cuidar do seu **corpo**, renovar sua **mente** e fortalecer seu **espírito**.

- Vai exigir disciplina.
- Vai pedir constância.
- Vai provocar transformação.
- Vai valer a pena!

Agora é a hora de alinhar sua intenção com sua ação.
Vamos firmar um compromisso juntas?

POR QUE FIRMAR UM COMPROMISSO TRANSFORMA?

Você já percebeu como é mais fácil desistir de um plano quando ele só existe na nossa cabeça? Mas quando escrevemos nossos objetivos ou declaramos nossos compromissos de forma clara, nossa mente entende que aquilo é sério — e começa a agir com mais responsabilidade e intenção.

Segundo a psicologia comportamental, registrar e compartilhar seus compromissos ativa duas forças poderosas: **a responsabilização pessoal** e o desejo de consistência. É como se você dissesse ao seu cérebro: *"Isso é importante, vamos levar a sério."*

Por isso, antes de seguir, tire um momento para respirar, orar, refletir e firmar, com fé e coragem, o seu compromisso com esta jornada. Não é sobre perfeição. É sobre constância. E é sobre decidir viver a transformação que Deus deseja para você.

meu compromisso no altar

Eu, _____

assumo o compromisso de trilhar esta jornada de 63 dias com dedicação e fé.

- Separar diariamente um tempo de qualidade para ler, refletir e praticar o conteúdo deste devocional, de preferência pela manhã;
- Realizar com seriedade e propósito cada "Ação do Dia";
- Registrar minhas experiências, aprendizados, desafios, orações e reflexões no meu **diário da jornada**;
- Honrar este compromisso mesmo nos dias difíceis, sabendo que *mudança verdadeira exige consistência*;
- Buscar viver com mais consciência, equilíbrio e entrega ao Senhor — em corpo, mente e espírito;
- Confiar que Deus está trabalhando em mim, mesmo quando eu ainda não consigo ver.

Data: ____ / ____ / ____

_____
ASSINATURA

LEMBRE-SE: o compromisso que você assume consigo mesma diante de Deus pode se tornar a ponte entre a sua realidade atual e a mulher que você foi criada para ser.

avalie para transformar

Antes de começar, quero te apresentar uma ferramenta que vai te ajudar a enxergar **onde você está hoje** e acompanhar para **onde está indo**.

A Roda da vida é uma ferramenta de autoconhecimento muito usada para detectar quais são as áreas da nossa vida que necessitam de mais cuidado e atenção. E como aqui a gente vai cuidar do **corpo**, da **mente** e do **espírito**, adaptei essa roda especialmente para nossa jornada de 63 dias.

Você vai preenchê-la **quatro vezes ao longo da jornada**: agora no início, após 21 dias, no dia 42 e, por fim, no encerramento. Isso vai te ajudar a visualizar o seu progresso de forma prática, concreta e integral.

COMO FUNCIONA?

1. Leia cada item da roda com atenção.
2. Dê uma nota de **0 a 10** para cada um, conforme como você sente que está hoje nessa área.

Exemplo: Sono — se você costuma dormir 7 horas por noite, mas acorda várias vezes, pode dar nota 6.

3. Marque os pontos na roda.
4. Una todos os pontos com uma linha ou, se preferir, pinte os espaços conforme suas notas. Depois, observe o resultado e se pergunte: "A minha roda... roda?"

A meta é terminar os 63 dias com uma roda mais equilibrada e uma vida que flui.

5. Guarde essa página com carinho! A cada nova roda, você vai poder comparar e **ver a transformação acontecendo com os seus próprios olhos**.

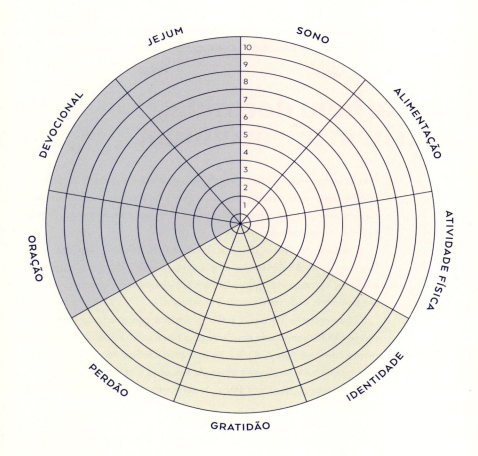

LEMBRE-SE: reconhecer onde você está é um ato de coragem. Agora é hora de caminhar com intenção e fé. Este é o ponto de partida. Olhe com carinho para sua realidade e abrace o compromisso de avançar um passo por vez.

Dia 1 _/_/_

CORPO > SONO

*Inútil será para vocês levantar cedo e dormir tarde, trabalhando arduamente por alimento. Pois ele concede o sono a quem ama.
(Salmos 127:2)*

Noite bem dormida, dia bem aproveitado!

Para começar nossa jornada, escolhi como referência o texto de Salmos 127:2 e como tema o sono, porque, em geral, não entendemos a importância de dormir bem até começarmos a ter de conviver com as consequências das noites mal dormidas.

A autoria do salmo 127 é atribuída ao rei Salomão, um dos mais famosos da nação de Israel e amplamente conhecido por sua sabedoria e riqueza. Vamos, então, aprender com um grande sábio e entender como um bom sono pode transformar a nossa vida.

O breve trecho de nossa reflexão destaca que o esforço humano é vão se não for abençoado por Deus, pois não é sábio trabalhar excessivamente, sem que haja disciplina de descanso. Dedicar tempo excessivo a uma função pode nos levar a uma vida exaustiva e desgastante, resultando no oposto do que desejamos, de tal forma que não geramos frutos ou resultados.

Pesquisas da Organização Mundial da Saúde (OMS) indicam que cerca de 40% da população mundial não dorme como gostaria. A falta de descanso adequado provoca cansaço, raciocínio lento, queda de produtividade, enxaqueca e até incapacidade laboral, além de ser uma porta de entrada para vírus e bactérias, o que compromete a imunidade do organismo.[*]

---

[*] A INFLUÊNCIA do sono sobre seu desempenho no trabalho. *Biologix*. [s. d.]. Disponível em: bit.ly/InfluenciaDoSono. Acesso em: 8 mar. 2025.

Por muito tempo, não me atentei a esse fator, mesmo com meu pai me dizendo: "Filha, não conheço ninguém que tenha alcançado sucesso na vida dormindo tarde e acordando tarde". A verdade, querida pupila, é que essa realidade simplesmente não fazia sentido para mim; por isso, vivi por muitos anos com um sono desregrado. Minha vida como DJ não tinha qualquer rotina e, ingenuamente, eu acreditava que isso era algo positivo, divertido e libertador. Contudo, eu vivia aprisionada.

Hoje posso dizer a você que ter uma rotina significa ter liberdade; disciplina é liberdade; saber previamente o que você vai fazer no dia ajuda seu cérebro a realizar tarefas em vez de procrastinar.

O segredo para regular nosso horário de sono e, assim, acordar cedo e com disposição é ter motivos claros no direcionamento do tempo. As horas adicionais nas manhãs são mais bem utilizadas quando há metas pessoais e busca pelo bem-estar.

==Lembre-se, dominar suas manhãs é dominar sua vida!== Você é capaz de alcançar seus objetivos e realizar seus sonhos. Comece hoje mesmo a cuidar do seu sono e colha os frutos dessa mudança.

DOWNLOAD DO CÉU

O que Deus falou com você por meio do devocional de hoje?

_____

_____

_____

_____

AÇÃO DO DIA

Organize seus horários para estar na cama hoje às 22h. Pode parecer impossível, mas não é, basta querer. E coloque o despertador para se levantar às 6h.

DICA DA DJESSI

Coloque o seu celular para carregar longe da cama, pois você precisará levantar-se para desligá-lo quando tocar o alarme. Assim, automaticamente, você já estará fora da cama.

You can do it! Bora voar!

Dia 2 _/_/_

MENTE > GRATIDÃO

 Deem graças em todas as circunstâncias, pois esta é a vontade de Deus para vocês em Cristo Jesus. (1 Tessalonicenses 5:18)

Quando você agradece, a graça desce!

O versículo que escolhi para o devocional de hoje é um chamado para agradecermos a Deus. A vontade do Pai Celeste para nós, como seguidores de Cristo, é que sejamos gratos em todas as situações. Independentemente de as circunstâncias serem boas ou más, devemos agradecer.

Entenda que isso não significa que devemos ser gratos pelo mal em si, mas, sim, pelas oportunidades de crescimento e aprendizado que surgem em circunstâncias adversas. Devemos agradecer a Deus por sua fidelidade e amor incondicional, mesmo nos momentos difíceis. Veja o testemunho apresentado por Max Lucado:

> O pâncreas de Rebecca parou de funcionar. Depois de uma dúzia de cirurgias e trocas na medicação, não havia nenhuma solução em vista [...]. Mas Rebecca é uma criança durona. Ela tem dez anos de idade. Ela tem o cabelo marrom-chocolate, olhos que brilham, um sorriso à prova de intempéries e um livro de milagres. Ela mostrou isso para mim. [...] "Eu dormi a noite toda ontem." "Papai trouxe escondido um cachorrinho ao hospital." [...] Rebecca tomou uma decisão. Ela vai agradecer a Deus pelos milagres. Se Rebecca consegue encontrar razões para agradecer, será que eu não consigo?*

Essa narrativa inspiradora nos ensina que sermos gratos em todas as circunstâncias pode nos ajudar a manter uma perspectiva positiva da vida

---

* LUCADO, Max. *Deus todos os dias*: inspiração para o ano inteiro. Rio de Janeiro: Thomas Nelson Brasil, 2016. p. 365.

e evitar que fiquemos presas em nossa dor ou sofrimento. Agradecer a Deus nos auxilia a lembrar que Ele é maior do que nossos problemas e é capaz de nos ajudar a encontrar esperança e paz em meio às dificuldades.

Em resumo, 1Tessalonicenses 5:18 nos lembra da importância da gratidão e da confiança em Deus para além das circunstâncias em que nos encontramos.

DOWNLOAD DO CÉU

O que Deus falou com você por meio do devocional de hoje?

___

___

___

___

AÇÃO DO DIA

Separe um caderno para ser seu diário da jornada. Nele, faça uma lista com trinta motivos para ser grata. Exemplos: sou grata por estar lendo este livro; sou grata por estar respirando; sou grata pela minha família etc. Leia essa lista diariamente pelos próximos 21 dias, até chegar ao dia 22 do devocional. Os resultados que você obterá serão surpreendentes.

DICA DA DJESSI

Além da lista, que é uma ótima ferramenta para cultivar a gratidão, que tal criar um espaço físico para celebrar as suas bênçãos? Pegue um cantinho especial na sua casa, pode ser uma prateleira, uma mesa de cabeceira ou até mesmo um mural na parede. Nesse espaço, coloque tudo aquilo que te faz sentir grata: fotos de pessoas queridas, objetos que te trazem boas lembranças, frases inspiradoras, pequenas plantas... Use a criatividade!

Dia 3 _/_/_

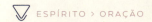 ESPÍRITO › ORAÇÃO

 Quando orarem, não falem por falar, como fazem os gentios. Pois eles pensam que por muito falar serão ouvidos. Portanto, não sejam como eles, porque o seu Pai sabe do que vocês precisam, antes mesmo de lhe pedirem. (Mateus 6:7–8)

Oração é diálogo, não monólogo!

Costumo dizer que orar é falar com Deus, ou seja, é quando nós, seres humanos, dedicamos uma parcela do nosso tempo para conversar com o Senhor. Também falo que meditar é abrir-se, silenciar para ouvir Deus, o que significa que nesse tempo devemos estar empenhadas em escutar o que o Pai tem a dizer.

Nos versículos de hoje, Jesus nos ensina sobre a oração ao alertar seus discípulos a não orarem de maneira mecânica, apenas repetindo as mesmas palavras várias vezes, como era o costume dos gentios. Em vez disso, o Salvador nos incentiva a orar com sinceridade e espontaneidade, sendo transparentes, expressando nossas necessidades e nossos desejos, e agradecendo a Deus.

Quando oramos com sinceridade, não apenas fazemos pedidos, mas também abrimos nosso coração para que o Senhor nos molde, nos guie e nos transforme. A oração se torna, assim, um espaço de renovação interior, onde a nossa vontade é alinhada à Dele. A cada momento em que dedicamos a Deus, o Senhor se revela mais a nós, e somos mais capacitados a viver segundo o Seu propósito. Não é sobre palavras vazias, mas sobre a entrega genuína de nossa vida e confiança plena em Sua direção.

Jesus também afirma que o Pai Celeste sabe do que cada um de nós precisa antes mesmo de verbalizarmos um pedido. Isso mostra que a oração não é uma forma de persuadir ou convencer o Senhor a agir conforme a nossa vontade. Em vez disso, é uma oportunidade para nos conectarmos com Deus em intimidade, buscando sua orientação, sabedoria e ajuda para nossa vida.

O texto que lemos neste dia nos ensina que a oração é um ato importante de fé e comunhão com o Senhor, como diz o pensamento atribuído a Dallas Willard: "A oração é uma conversa com Deus a respeito daquilo que estamos fazendo juntos". Por esse motivo, as orações devem ser feitas com sinceridade, respeito e confiança na sabedoria e na bondade divinas.

DOWNLOAD DO CÉU

O que Deus falou com você por meio do devocional de hoje?

_____
_____
_____
_____

AÇÃO DO DIA

Aceite o desafio de separar cinco minutos por dia, durante sete dias seguidos, para dedicar-se à oração.

DICA DA DJESSI

Ajuste um timer de cinco minutos, vá para o seu quarto, feche a porta, e não pare de orar até o alarme despertar.

Lembre-se: a oração não é sobre convencer Deus, mas sobre nos abrir a Ele com sinceridade e confiança, buscando Sua direção e alinhando nossa vontade à Sua.

Dia 4 _/_/_

CORPO > ATIVIDADE FÍSICA

Acaso não sabem que o corpo de vocês é templo do Espírito Santo, que está em vocês, o qual receberam de Deus? Vocês não são de vocês mesmos; foram comprados por um preço. Portanto, glorifiquem a Deus com o corpo de vocês. (1Coríntios 6:19–20)

Seu corpo é a sua casa, cuide bem dele!

O que significa glorificar a Deus com o corpo e ser templo do Espírito Santo? Imagino que você possa estar se fazendo essa pergunta depois de ler o texto que escolhi para o devocional de hoje. Não se preocupe, vou ajudar você a entender o sentido do que foi apresentado.

Uma das maiores bênçãos que recebemos quando Deus nos formou foi o corpo físico. A parte material de nosso ser é tão importante, que o Senhor o chama de templo de Deus habitado pelo Espírito Santo (1Coríntios 3:16-17; 6:19-20). O nosso corpo é sagrado, e é nosso dever cuidar bem dele.

Um dos fatores que considero mais interessante a respeito da constituição de nossa estrutura física é que nosso corpo tem diversas articulações, ou, se você preferir, juntas. De forma simplificada, as articulações ligam os ossos a outros ossos e a cartilagens; elas são responsáveis por proporcionar mobilidade e flexibilidade ao esqueleto humano.* Isso significa que fomos criados para nos movimentar e praticar exercícios.

Praticar atividade física nos torna mais plenos. Nosso corpo foi projetado para isso, porque o Senhor sabe que podemos ser pessoas mais felizes e melhores se nos mantivermos saudáveis.

---

* REIS, Ana Letícia. Articulações do corpo humano. *Educa+Brasil*. 9 ago. 2019. Disponível em: bit.ly/ArticulacoesDoCorpoHumano. Acesso em: 26 jul. 2024.

O Espírito Santo foi deixado por Jesus a seus seguidores para habitar no templo chamado corpo, portanto devemos mantê-lo puro e saudável. Quando falamos sobre glorificar a Deus com o nosso corpo, isso quer dizer que cuidar do corpo também é um ato espiritual, e não somente físico, pois, se não tivermos saúde, seremos incapazes de cumprir o propósito de Deus para a nossa vida.

Além disso, ao cuidar do nosso corpo, estamos colaborando com o plano divino para a nossa vida. O corpo não é apenas uma casca passageira, mas uma ferramenta que Deus usou para nos dar vida e nos capacitar a cumprir Seu propósito. Cada passo que damos em direção ao cuidado com o nosso templo é uma forma de honrar a Deus, que nos deu a dádiva de existir e viver com saúde. Portanto, quando praticamos exercícios, alimentamos bem o nosso corpo ou até mesmo descansamos adequadamente, estamos fazendo isso em reverência ao Senhor que habita em nós.

Sim, cuidar do corpo também é um ato de adoração ao Senhor!

DOWNLOAD DO CÉU

O que Deus falou com você por meio do devocional de hoje?

_____

_____

_____

_____

 AÇÃO DO DIA

Faça uma caminhada de, no mínimo, quinze minutos. Ao final, respire fundo e agradeça por esse tempo com você mesma e com o Senhor. Que esse simples gesto seja um lembrete: seu corpo também adora a Deus quando se move com intenção.

 DICA DA DJESSI

Escolha uma playlist que a agrade e escute o que você gosta enquanto caminha. Se possível, escolha um podcast ou uma pregação, Deus vai falar com você.

Dia 5 __/__/__

 MENTE > IDENTIDADE

Então, Deus disse: "Façamos os seres humanos à nossa imagem, conforme a nossa semelhança. Dominem eles sobre os peixes do mar, sobre as aves dos céus, sobre os animais de rebanho, sobre toda a terra e sobre todos os animais que rastejam sobre a terra". Então, Deus criou o ser humano à sua imagem, à imagem de Deus o criou; homem e mulher os criou. (Gênesis 1:26–27)

Como assim eu sou igual a Deus?

Se você já leu esses versículos e ficou sem entender com exatidão o significado deles, não se preocupe. Durante muito tempo, eu também os li sem compreendê-los, até que, um dia, algo mudou minha perspectiva — e estou certa de que isso também acontecerá com você.

Quando você cria algo, coloca muito de si nessa criação. Veja o exemplo a seguir para ilustrar essa ideia. Suponha que você decidiu desenvolver o projeto de um novo podcast. Nesse caso, você escolherá um nome que seja significativo para você e uma identidade visual com traços e cores de sua preferência. Além disso, você precisará definir o estúdio, as roupas e o microfone; todos esses itens terão a sua marca e demonstrarão as suas preferências. Isso significa que, ao criar algo no mundo físico, essa criação já foi gerada previamente em você, o que faz com que ela carregue suas características!

No caso da criação divina, o pressuposto é exatamente o mesmo. Conforme citou o destacado evangelista norte-americano Billy Graham: "Deus concluíra sua obra. Criara um jardim terreno, farto em tudo que o homem pudesse precisar. Criara um homem perfeito à sua semelhança. Dotará esse homem com uma mente e uma alma e conferira-lhe completa liberdade para usar a mente e dispor da alma como achasse conveniente".*

Isso significa que, no processo da sua criação, Deus fez os detalhes conforme suas próprias escolhas. Ao criar você, Ele o desenhou, sonhou com você e colocou em você o DNA Dele, as características Dele, a capacidade de criar parecida com a Dele, bem como as capacidades de pensar, de amar e de cuidar.

Assim, você é a imagem e semelhança de Deus, pois Ele criou você!

DOWNLOAD DO CÉU

O que Deus falou com você por meio do devocional de hoje?

_____
_____
_____
_____

AÇÃO DO DIA

Leia Gênesis 1:27, João 1:12 e Romanos 8:17. Reflita sobre esses versículos enquanto se olha no espelho por um minuto inteiro, em silêncio. Respire fundo e encare seu reflexo com os olhos de quem foi criada por Deus com intenção, beleza e propósito. Depois, escreva em seu diário da jornada uma pequena carta para Deus agradecendo por algo específico que Ele colocou em você — pode ser um traço de personalidade, uma habilidade, uma sensibilidade, uma forma de enxergar o mundo.

DICA DA DJESSI

Crie algo hoje. Pode ser um texto ou um desenho simples, mas também pode ser algo elaborado. O importante é você colocar completa atenção no seu processo criativo e observar como suas escolhas demonstram que essa criação é sua.

---

* GRAHAM, Billy. *Em paz com Deus: o caminho certo para a paz pessoal num mundo em crise.* Rio de Janeiro: Record, 1995.

Dia 6 _/_/_

ESPÍRITO > PALAVRA

Somente seja forte e muito corajoso! Tenha o cuidado de obedecer a toda a lei que o meu servo Moisés ordenou a você; não se desvie dela, nem para a direita nem para a esquerda, para que você tenha êxito por onde quer que andar. Não deixe de mencionar as palavras deste livro e de meditar nelas de dia e de noite, para que você cumpra fielmente tudo o que nele está escrito. Desse modo, você fará prosperar os seus caminhos e será bem-sucedido. (Josué 1:7-8)

Meditar na Palavra de Deus: como faço isso?

O texto de Josué 1:7-8, cuidadosamente escolhido para o dia de hoje, é uma passagem que me serve como fonte de encorajamento. Muitas lições podem ser extraídas das palavras de Deus a Josué, quando este assumiu o lugar de liderança do povo como sucessor de Moisés. Contudo, para este dia, chamo sua atenção para um pequeno trecho: "meditar [nas palavras deste livro] de dia e de noite".

É comum que, ao lermos a palavra "meditar", nossa mente automaticamente projete a imagem de uma pessoa sentada de pernas cruzadas, com os olhos fechados, controlando a respiração e ouvindo um som específico. No entanto, não tenho a intenção de evocar nada parecido com isso!

A palavra bíblica que foi traduzida por "meditar" significa literalmente "ruminar". No contexto do trecho citado, isso não indica simplesmente repetir as palavras de maneira aleatória e contínua. Na verdade, a intenção primeira de "meditar", no texto de hoje, é que relembremos e recitemos em voz alta o texto bíblico memorizado.

Um modo adequado de explicar essa verdade é compará-la com o processo digestório de uma vaca no campo. Apesar de parecer cômico, as vacas exemplificam perfeitamente o conceito de meditação. Deixe-me explicar: uma vaca tem quatro estômagos que a ajudam a processar a grama ingerida. Ao ser ingerida, a grama chega ao primeiro estômago, onde é parcialmente digerida. Em seguida, a vaca regurgita essa grama parcialmente digerida, mastiga-a um pouco mais, e, na sequência, engole-a para o segundo estômago. Esse processo se repete até que a grama tenha passado pelos quatro estômagos e seja totalmente digerida.

Assim também devemos meditar na Palavra de Deus. Devemos lê-la atentamente, digeri-la e retomá-la até que a digestão esteja completa.

DOWNLOAD DO CÉU
O que Deus falou com você por meio do devocional de hoje?

_____
_____
_____
_____

AÇÃO DO DIA

Escolha um versículo da Bíblia e medite nele. Leia o trecho pelo menos dez vezes. Depois, escreva-o em sua agenda ou em um *post-it*, para que você o veja o dia todo e possa meditar nele. No final do dia, anote no seu diário da jornada o que o Espírito Santo falou com você por meio dessa passagem e escreva uma atitude que você pode colocar em prática de acordo com o aprendizado.

DICA DA DJESSI

A meditação na Palavra é um processo contínuo. Não tenha pressa! Aprofunde-se aos poucos, com constância. Quanto mais você se dedicar a ela, mais íntima será a sua conexão com Deus.

FALE MUITO DE DEUS.

POUCO DE VOCÊ. NADA DOS OUTROS.

Dia 7 _/_/_

 CORPO > ALIMENTAÇÃO

 Quando você for jantar com alguém importante, não esqueça quem ele é. Se você é guloso, controle-se. Não tenha pressa de comer a boa comida que ele serve, pois ele pode estar querendo enganar você. (Provérbios 23:1–2, NTLH)

Você controla o seu apetite ou ele controla você?

Sim, a Bíblia pode responder quase todas as nossas perguntas. Ela nos ensina até mesmo como devemos nos comportar em situações específicas, a chamada etiqueta. Você já tinha se atentado a essa verdade?

Quando li pela primeira vez a passagem das Escrituras que selecionei para o dia de hoje, fiquei surpresa ao compreender que uma rotina alimentar desequilibrada também é pecado. A Palavra nos ensina a nutrir o corpo com saúde e equilíbrio. Na Criação, Deus proveu o homem com frutas, verduras, legumes e cereais como alimento (cf. Gênesis 1:29); após o Dilúvio, proteínas animais selecionadas foram acrescentadas à dieta (Gênesis 9:1–3).

Um exemplo notável sobre esse tema é o do profeta Daniel e seus amigos. Quando ele foi escolhido entre os cativos israelitas para servir no palácio babilônico, decidiu não consumir a comida da mesa do rei que lhe havia sido disponibilizada. Após dez dias, Daniel e seus companheiros "pareciam mais saudáveis e mais fortes que todos os jovens que comiam a comida do rei" (Daniel 1:15).

Não sei se algum aroma tentador levou os israelitas a desejarem as iguarias babilônicas, mas acredito que nosso apetite é um reflexo do nosso autocontrole. ==Se somos incapazes de controlar nossos hábitos alimentares, é provável que também tenhamos dificuldades em controlar outros aspectos,== como pensamentos impróprios (ambição, mesquinharia, raiva) e comportamentos inadequados (participar de fofocas e conflitos).

Não devemos permitir que nossos apetites nos controlem; pelo contrário, devemos controlá-los (veja Deuteronômio 21:20, Provérbios 23:2, 2Pedro 1:5-7, 2Timóteo 3:1-9 e 2Coríntios 10:5). A habilidade de dizer "não" aos excessos — autocontrole — é parte do fruto do Espírito que deve ser visível em todos os cristãos (Gálatas 5:22).

Deus abençoou a humanidade ao encher a terra com comidas deliciosas, nutritivas e até mesmo prazerosas. Devemos honrar a criação divina ao apreciá-las com moderação, de tal maneira que controlemos nossos apetites em vez de sermos controlados por eles.

DOWNLOAD DO CÉU

O que Deus falou com você por meio do devocional de hoje?

_____

_____

_____

_____

AÇÃO DO DIA

Prepare uma refeição saudável. Lembre-se de incluir frutas, verduras e legumes. Coma com moderação e aprecie o momento.

DICA DA DJESSI

Pesquise sobre *mindful eating*, ou comer com atenção plena, um modo de se relacionar com a alimentação de forma mais saudável e prazerosa, conectando corpo, mente e espírito durante as refeições.

Lembre-se: uma alimentação saudável é um investimento na sua saúde e bem-estar. Ao cuidar do seu corpo, você demonstra amor por si mesma e por Deus.

Dia 8 __/__/__

MENTE > PERDÃO

 Suportem-se uns aos outros e perdoem as queixas que tiverem uns contra os outros. Perdoem como o Senhor os perdoou. (Colossenses 3:13)

Como assim, "suportar"?

O verbo "suportar" chamou muito minha atenção quando li esse versículo pela primeira vez. De acordo com o dicionário Houaiss, "suportar" significa:

"1. ter sobre ou contra si (algo) e não ceder ao seu peso ou à sua força; aguentar, resistir [...]. 4. experimentar, sofrer (algo penoso) [...] tolerar, aturar. 6. conviver pacificamente, apesar das divergências e diferenças; tolerar(-se), aturar(-se), aguentar(-se)".*

A definição dicionarizada nos alerta que a indicação bíblica de amar e perdoar as pessoas não é fácil de ser colocada em prática. Na verdade, é uma das práticas mais desafiadoras da nossa vida. Para mim, é evidente que Paulo se referia à necessidade de nos mantermos firmes e autocontrolados diante das atitudes — ou falta delas — do próximo. Acredito nessa perspectiva, pois, assim como Deus nos ama e nos perdoa, os seguidores de Cristo são chamados a fazer o mesmo.

A mensagem principal de Colossenses 3:13 aponta a compaixão, a bondade e o perdão como valores inegociáveis que devem ser praticados dia após dia.

A prática do perdão é libertadora. Embora muitos acreditem que apenas quem recebe o perdão é beneficiado, a realidade é que quem perdoa se livra dos fardos da raiva e do ressentimento. Além disso, ao perdoarmos, promovemos a paz e a reconciliação em nossos relacionamentos, tornando-nos verdadeiros exemplos de seguidores de Cristo.

---

*SUPORTAR. In: Dicionário Houaiss. https://bit.ly/Suportar-Houaiss. Acesso em: 15 abr. 2025.

Abster-se de perdoar, por sua vez, é como passar a vida tomando veneno diariamente e esperar que o outro morra envenenado. Devemos, também, ter em mente o que disse Charles Spurgeon a respeito do perdão: "A menos que você perdoe o seu próximo, estará lendo sua própria sentença de morte ao orar o Pai-nosso".

Em resumo, Colossenses 3:13 nos ensina a perdoar e a amar uns aos outros assim como Deus nos perdoou e nos amou primeiro.

DOWNLOAD DO CÉU

O que Deus falou com você por meio do devocional de hoje?

_____
_____
_____
_____

AÇÃO DO DIA

Reserve cinco minutos deste dia para refletir sobre o seguinte questionamento: existe alguém em sua vida que você ainda não perdoou ou por quem sente mágoa ou ressentimento? Encorajo você a escrever o nome dessa pessoa e fazer uma oração para liberar o perdão e abençoá-la.

DICA DA DJESSI

Se você deseja perdoar alguém e não sabe como fazer isso, aqui está um exemplo de oração para liberação de perdão:

Querido Deus, agradeço pelo perdão que tu me concedeste. Reconheço que, como diz a tua Palavra, também devo perdoar os meus ofensores, mas nem sempre essa é uma tarefa fácil para mim. Neste momento, escolho liberar perdão para aqueles que me feriram [inclua aqui os nomes de todos a quem deseja perdoar]. Abandono diante de ti toda mágoa e ressentimento que eu carregava até agora em relação a essas pessoas. Peço-te sabedoria e graça para transformar e restaurar os relacionamentos que sejam produtivos para mim. Amém.

O perdão liberta

o nosso coração.

Dia 9 _/_/_

ESPÍRITO > JEJUM

"Porque a sua fé é muito pequena", respondeu Jesus. "Eu lhes digo a verdade: se tivessem fé, ainda que do tamanho de uma semente de mostarda, poderiam dizer a este monte: 'Mova-se daqui para lá', e ele se moveria. Nada seria impossível para vocês, mas essa espécie não sai senão com oração e jejum." (Mateus 17:20–21, NVT)

Oração e jejum: armas espirituais poderosíssimas!

Quando Jesus diz que "essa espécie não sai senão com oração e jejum", ele ressalta a realidade do mundo espiritual. Embora seja invisível aos nossos olhos, o mundo espiritual é uma verdade estabelecida.

"Por que não conseguimos expulsar aquele demônio?" (v. 19). Em Mateus 17:21, Jesus responde a essa pergunta feita pelos discípulos, referindo-se ao caso em que um espírito maligno não saiu do corpo de um jovem. A explicação do Senhor acerca da dificuldade para lidar com algumas questões espirituais engloba o fato de que é preciso mais do que simples palavras ou ações. Ele enfatiza a importância da oração e do jejum para fortalecer nossa conexão com Deus e nos preparar espiritualmente para lidar com grandes desafios espirituais.

Jejum e oração são duas disciplinas espirituais que devem ser cultivadas pelos seguidores de Jesus. Jejuar é abster-se de maneira voluntária de alimentos por um período para dedicação intensa à oração e à comunhão com Deus. Orar, por sua vez, é comunicar-se com Deus em busca de orientação, força e sabedoria para lidar com situações difíceis ou complexas.

A fala de Jesus revela que precisamos nos preparar para lidar com as dificuldades espirituais que se apresentam diante de nós. Nosso espírito se fortalece quando praticamos regularmente as disciplinas da oração e do jejum. Cristo nos ensina que essas práticas em especial podem ajudar a fortalecer nossa conexão com Deus de tal maneira que nos tornamos capazes de superar dificuldades e de enfrentar situações desafiadoras.

DOWNLOAD DO CÉU

O que Deus falou com você por meio do devocional de hoje?

_____
_____
_____
_____

AÇÃO DO DIA

Faça um jejum de açúcar de doze horas ou ainda deixe de consumir açúcar do momento em que você está lendo este devocional até o mesmo horário do dia seguinte.

Apesar de parecer simples, saiba que será um desafio. Todas as vezes que você sentir vontade de consumir açúcar, lembre-se de que o propósito é o seu fortalecimento espiritual e, assim, será mais fácil resistir ao desejo da carne.

DICA DA DJESSI

Escreva sobre como o jejum está sendo para você em seu diário da jornada. Além do jejum, que é uma prática importante para fortalecer a sua vida espiritual, o diário vai permitir que você registre as suas experiências e aprendizados durante esse período.

O jejum não muda o coração de Deus; muda o nosso coração!

Helena Tannure

Dia 10 _/_/_

 CORPO > SONO

 Em paz me deito e logo adormeço, pois só tu, Senhor, me fazes viver em segurança. (Salmos 4:8)

Em quem ou no quê você tem confiado?

Quando estamos preocupados, descansar se torna ainda mais difícil. Ao depositarmos nossa confiança plenamente no Senhor e o conhecemos em profundidade, compreendemos que Ele trabalha em nosso favor o tempo todo, inclusive enquanto dormimos. Desse modo, adormecemos rapidamente ao nos deitarmos.

O que, porém, significa confiar em Deus e conhecê-lo?

Antes de tudo, é importante lembrar que só conseguimos confiar em quem conhecemos e, para conhecer a Deus, precisamos nos dedicar a esse relacionamento.

Algumas das maneiras pelas quais podemos conhecer melhor o nosso Senhor incluem: estudar a Palavra de Deus, investir tempo em oração, ouvir pregações que contribuam para o crescimento espiritual, escutar louvores e adorar a Deus. No meio cristão atual, há uma geração na qual muitas pessoas recorrem a medicamentos para obter a energia necessária para realizar suas atividades diárias. Durante a noite, essas mesmas pessoas precisam de remédios que anulem os efeitos dos medicamentos tomados durante o dia, para que possam se desconectar e descansar.

A Palavra de Deus é clara ao afirmar: "em paz me deito e logo adormeço". Isso significa que, quando realmente confiamos em Deus e na segurança que somente Ele pode nos oferecer, e temos a certeza em nosso coração de que estamos protegidos sob a sombra do Altíssimo, não há razão para perdermos o sono.

Quando a confiança em Deus é verdadeira, ela vai além de palavras e gestos superficiais. Ela se traduz em uma paz profunda que nos envolve e nos fortalece, mesmo nas situações mais desafiadoras. Ao aprender a descansar em Sua presença, deixamos de lutar sozinhos e reconhecemos que Ele está no controle de todas as circunstâncias. Essa confiança não elimina os problemas, mas nos dá a serenidade necessária para enfrentá-los com a certeza de que, em Deus, sempre encontramos refúgio.

Desafio você a realmente se disponibilizar para o exercício de confiar em Deus, entregando a Ele seus temores e questionamentos. Isso permitirá que você se deite em paz e desfrute de uma excelente noite de sono.

DOWNLOAD DO CÉU

O que Deus falou com você por meio do devocional de hoje?

_____

_____

_____

_____

 AÇÃO DO DIA

A partir das 20h, pratique higiene do sono, evitando telas brancas, por exemplo, as do celular, da televisão e do computador. Se possível, coloque o celular no modo avião ao se preparar para dormir.

 DICA DA DJESSI

Se sentir que está difícil "desligar" a mente, escolha um livro e tente ler durante pelo menos trinta minutos antes de dormir.

Quem conhece Deus de verdade, descansa de verdade.

Dia 11 __/__/__

 MENTE > GRATIDÃO

 Agradeçam a Deus, o SENHOR, anunciem a sua grandeza e contem às nações as coisas que ele fez. Cantem a Deus, cantem louvores a ele, falem dos seus atos maravilhosos. Tenham orgulho daquilo que o Santo Deus tem feito. Que fique alegre o coração de todos os que adoram ao SENHOR! (1Crônicas 16:8–10, NTLH)

Coração grato, vida plena

Estudiosos da Bíblia acreditam que o livro ao qual pertence o texto selecionado para hoje foi escrito por Esdras, um cronista. Eles também afirmam que esse trecho demonstra que o Senhor deseja que tenhamos alegria no coração, que cantemos, louvemos e o adoremos. Afinal, Deus busca verdadeiros adoradores, que o adorem em espírito e em verdade (cf. João 4:23–24).

Você pode se perguntar neste momento: "E qual é a relação entre a alegria e a gratidão, nosso tema?". Essa resposta eu dou com base na ciência: pesquisas realizadas nos Estados Unidos comprovam que expressar gratidão aumenta a felicidade, entre outros benefícios.*

O que nos leva a outra pergunta: "Como podemos ter um coração grato diante das dificuldades e dos desafios da vida?". A resposta está na própria Palavra de Deus. No Evangelho de João, somos alertados de que enfrentaremos desafios e dificuldades, mas Jesus nos encoraja a ter bom ânimo (cf. 16:33). Então, praticar a gratidão é uma tarefa incondicional, pois ela não depende de nada para que seja colocada em ação. O ato de gradecer, que é o que nos torna alegres, não depende das circunstâncias, mas tão somente da nossa convicção de que nosso Deus é bom e de que a vontade Dele é boa, perfeita e agradável (cf. Romanos 12:2).

---

* COMO a gratidão impacta na saúde das pessoas? *Unimed Brasil*. 29 dez. 2021. Disponível em: bit.ly/GratidaoImpactaNaSaude. Acesso em: 1 ago. 2024.

Quando estivermos em meio às dificuldades, precisamos nos certificar de que a situação está produzindo em nós um caráter aprovado. Além disso, devemos manter em mente que todas as coisas cooperam para o bem daqueles que amam a Deus (cf. Romanos 8:28).

A gratidão, então, não depende do nosso humor, mas somente da nossa obediência ao estilo de vida que Deus determinou para nós. Ao colocá-la em prática, seremos recompensados com a alegria.

DOWNLOAD DO CÉU

O que Deus falou com você por meio do devocional de hoje?

_____

_____

_____

AÇÃO DO DIA

Escolha três pessoas próximas (uma da família, uma do trabalho e uma da faculdade ou da escola) e pergunte a elas quais são as suas três principais qualidades. Anote em seu diário e agradeça ao Senhor por Ele ter depositado em você essas características, seja grata por elas.

DICA DA DJESSI

Sempre que for refletir sobre os motivos pelos quais você é grata, procure evitar afirmações genéricas como "grata por mais um dia", tente ser mais específica. Por exemplo: "Grata pela conversa inspiradora com minha amiga hoje", "Grata pela deliciosa refeição que preparei", "Grata pelo sol que aqueceu meu rosto hoje".

A gratidão não é um sentimento, é um estilo de vida!

Dia 12 _/_/_

 ESPÍRITO › ORAÇÃO

 Não andem ansiosos por coisa alguma, mas em tudo, por meio da oração e da súplica, com ação de graças, apresentem os seus pedidos a Deus. Então, a paz de Deus, que excede todo o entendimento, guardará o coração e a mente de vocês em Cristo Jesus. (Filipenses 4:6–7)

Troque a sua preocupação por oração!

Você consegue se lembrar de algum dia em que esteve muito ansiosa? Feche seus olhos por alguns instantes e traga à memória esse momento: o que estava acontecendo? Qual foi o gatilho da ansiedade? Como seu corpo reagiu? Quais pensamentos invadiram sua mente? Como você lidou com aquilo, ou como saiu daquela situação?

Agora reflita com sinceridade: ter ficado ansiosa mudou o que estava acontecendo ao seu redor? A situação melhorou? Ou você apenas se desgastou por dentro, sentindo um peso que não trouxe solução? Ao analisar os fatores, você deve ter chegado à mesma conclusão que eu cheguei quando fiz esse exercício: nada, nada mesmo, mudou.

Essa reflexão nos ajuda a entender que não adianta nos preocuparmos. O que muda a situação é a oração. Então, troque a preocupação por oração!

Se você se pergunta qual é a atitude a tomar contra a ansiedade, a resposta é a ação de orar. O autor Tyler Staton, a respeito do texto de hoje, diz:

> Aqui está descrito passo a passo, mas de modo geral não seguimos os passos. Não fique ansioso com nada. Ore sobre todas as coisas. Mas a maioria dos seguidores de Cristo passa muito mais tempo remoendo

pensamentos ansiosos do que entregando-os em oração. Se a instrução de Deus está bem à nossa frente, tão simples e clara, por que não aceitar o que Deus propõe em uma troca tão favorável para nós?*

A bênção está no movimento. Quando você substitui a sua ansiedade pela oração, você obedece à Palavra de Deus, pois está seguindo o passo a passo que Ele deixou registrado para nós. Dessa forma, você vai guerrear com as armas corretas, pois nossa luta não é contra pessoas e nem situações, mas contra seres espirituais, principados e potestades (Efésios 6:12-13).

DOWNLOAD DO CÉU

O que Deus falou com você por meio do devocional de hoje?

_____
_____
_____
_____

AÇÃO DO DIA

Sempre que surgir um pensamento de preocupação ou algo que gere ansiedade, pare tudo e ore. Sentiu-se preocupada? Ore! Ao longo do dia, anote em seu diário espiritual quantas vezes você orou e, ao final, contabilize os pensamentos de ansiedade que surgiram no período.

DICA DA DJESSI

Escreva em seu diário da jornada tudo o que você sentir em seus momentos de oração: seus pedidos, suas gratidões e as respostas que você acredita ter recebido. Periodicamente, releia os seus registros para ver como você evoluiu em sua vida de oração.

---

* STATON, Tyler. *Orando como monges, vivendo como tolos*. Rio de Janeiro: Thomas Nelson Brasil, 2024. p. 26.

> Não fique ansioso com nada. Ore sobre todas as coisas.
>
> — TYLER STATON

Dia 13 _/_/_

CORPO > ATIVIDADE FÍSICA

A pessoa leal beneficia a si mesma; mas a cruel prejudica o seu próprio corpo. (Provérbios 11:17)

A bênção está no movimento, na ação

Uma leitura cuidadosa do livro de Provérbios nos faz refletir sobre assuntos diretamente relacionados à nossa vida: amizades, trabalho, família, relacionamento, dinheiro, carácter, saúde e até o cuidado com o nosso corpo. Você já tinha percebido essa verdade?

Na versão bíblica Nova Almeida Atualizada, a primeira parte do versículo diz assim: "O homem bondoso faz bem a si mesmo". Isso significa que uma pessoa leal e boa cuida de seu corpo.

Certa vez, entrevistei o evangelista Deive Leonardo. Durante nossa conversa, ele me disse algo de que nunca me esqueci: "Djessi, você não pode impedir um passarinho de passar por cima da sua cabeça, mas pode impedi-lo de fazer um ninho nela". Com essas palavras, ele ressaltou que o movimento mantém as coisas ruins e negativas longe de nossa vida, inclusive a possibilidade de um passarinho construir um ninho em nossa cabeça.

Quero encorajar você a dedicar um tempo para refletir sobre o tema: "Se uma pessoa boa cuida bem de si, o que estou fazendo para me tornar essa pessoa?". Para ajudar você a incluir mais movimento em sua rotina, compartilho algumas sugestões simples e criativas para você se movimentar mais:

1. Se você usa transporte coletivo, desça um ponto antes para poder caminhar por alguns minutos.
2. Se você dirige, estacione o carro em uma vaga mais distante do seu destino, assim poderá se movimentar alguns metros mais.

3. Use uma bicicleta para algumas atividades em vez do carro ou do transporte coletivo. Comece com pequenas distâncias.
4. Troque escadas rolantes e/ou elevadores por escadas, pelo menos por um andar (aos poucos, você pode aumentar o número de andares).
5. Brinque com crianças. Jogue bola, brinque de pega-pega, passeie em um parque.
6. Leve seu animal de estimação para um passeio.
7. Caminhe durante ligações telefônicas em vez de conversar sentada.

Acredito que pelo menos uma dessas opções se encaixa na sua realidade e que você pode começar hoje mesmo!

DOWNLOAD DO CÉU

O que Deus falou com você por meio do devocional de hoje?

_____
_____
_____
_____

AÇÃO DO DIA

Em seu diário da jornada, faça uma lista das suas boas atitudes para cuidar do seu corpo. Depois de anotar, analise se você está se cuidando adequadamente ou não.

DICA DA DJESSI

Convide um amigo ou familiar para começar a cuidar melhor da saúde do corpo com você. Vocês podem compartilhar experiências e motivarem um ao outro.

Movimente-se para cuidar de si mesma, pois o bem-estar físico e emocional começa com atitudes simples que refletem o zelo por quem você é.

Dia 14 _/_/_

 MENTE > IDENTIDADE

 Aquele que é a Palavra estava no mundo, e o mundo foi feito por intermédio dele, mas o mundo não o reconheceu. Veio para o que era seu, mas os seus não o receberam. Contudo, aos que o receberam, aos que creram em seu nome, deu-lhes o direito de se tornarem filhos de Deus. (João 1:10–12)

Quem sou eu? Da onde vim? Para onde estou indo?

A filiação, ou seja, o vínculo que nos conecta a uma família, é frequentemente vista como um dos pilares da nossa identidade. Afinal, a família é o primeiro ambiente em que somos socializados e aprendemos os valores e costumes que moldam nossa visão de mundo. No entanto, a identidade é um conceito complexo que transcende os laços biológicos. Experiências pessoais, escolhas individuais e a cultura também desempenham um papel fundamental na construção de quem somos.

Nos versículos da passagem do Evangelho de João, o apóstolo fala sobre a Palavra ter se tornado carne e ter vindo ao mundo, em uma menção explícita à pessoa de Jesus. No entanto, a passagem também destaca que os judeus — o povo de quem Jesus era descendente — não o reconheceram como Salvador.

Durante dois meses, morei em Israel e pude compreender um pouco a mentalidade judaica contemporânea e a visão daquele povo acerca do messias aguardado. Posso afirmar que eles esperam por alguém totalmente diferente de Jesus (mas esse assunto, por si só, daria outro livro completo!). E isso explica por que nosso Senhor não foi acolhido por eles.

Na descendência natural, a filiação requer um vínculo sanguíneo; isso significa que, para fazer parte de uma determinada família, é preciso nascer de alguém que pertença àquele grupo. No entanto, esse pré-requisito não se aplica quando o assunto é ser filho de Deus, co-herdeiro com Jesus e herdeiro do reino de Deus. Para alcançar esse status, basta cumprir apenas uma condição, descrita por João no texto: "Contudo, aos que o receberam, aos que creram, deu-lhes o direito de tornarem filhos de Deus". A condição é crer!

Você, pupila amada, realmente CRÊ que Jesus é o seu Salvador e seu Senhor?

 DOWNLOAD DO CÉU

O que Deus falou com você por meio do devocional de hoje?

_____

_____

_____

_____

 AÇÃO DO DIA

Reserve dez minutos do seu dia para refletir se você realmente crê que Jesus a salvou e se realmente tem vivido com ele como seu Senhor e Salvador. Em seguida, diga em voz alta: "Senhor Jesus, eu creio que tu és o meu Senhor e Salvador. Eu te agradeço por me presentear com o direito de ser chamada de filha de Deus".

 **DICA DA DJESSI**

A fé é uma jornada, e cada pequena ação para fortalecê-la é importante. Dedique tempo para registrar suas experiências, dúvidas, orações e meditações em seu diário da jornada. Assim, você estará construindo uma base sólida para uma fé cada vez mais profunda e duradoura.

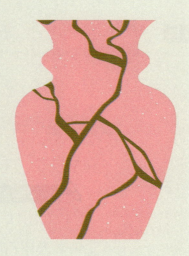

Você não é obra do acaso

é plano do céu

Dia 15 _/_/_

 Pois o mandamento é lâmpada, a instrução é luz, e as repreensões da disciplina são o caminho que conduz à vida. (Provérbios 6:23)

A Palavra de Deus é luz para o nosso caminho

Ao ler Provérbios 6:23, penso naqueles momentos em que estamos nos preparando para dormir e, de repente, acaba a energia elétrica. Nessas horas, para nos adaptarmos à escuridão, passamos a andar com cautela, tentando evitar bater o dedo do pé na quina dos móveis.

Você certamente sabe o quanto essas topadas são dolorosas e nos fazem "ver estrelas". Todos nós já passamos por isso, ou passaremos algum dia.

Da mesma forma, quem escolhe viver longe dos direcionamentos da Palavra de Deus acaba como alguém que caminha perdido na escuridão: tropeça e não tem clareza de nada. Isso acontece porque luz é vida. Na falta de energia elétrica, logo procuramos usar a lanterna do celular e, na falta de bateria, instintivamente buscamos outra fonte de luz, como velas ou outros dispositivos.

A Palavra de Deus é como um farol em meio à escuridão, iluminando nosso caminho e guiando nossos passos. Assim como a luz do sol é essencial para a vida na Terra, a Palavra de Deus é indispensável para nossa vida espiritual. Ela nos proporciona aquilo que precisamos para crescer e amadurecer em nossa fé.

A Bíblia nos diz que "no princípio, era o Verbo, e o Verbo estava com Deus, e o Verbo era Deus" (João 1:1). A Palavra de Deus é a fonte de toda a vida, pois ela é a nossa luz. Por meio dela, Deus criou todas as coisas e continua a sustentar o Universo. Se você se sente na escuridão, perdida, sem clareza ou direção, busque a luz da Palavra de Deus — ela sempre tem a resposta.

Quando escolhemos seguir os ensinamentos da Palavra de Deus, não estamos apenas encontrando um caminho mais seguro, mas também nos alinhando à Sua vontade, que é sempre boa, perfeita e agradável. A luz divina não apenas ilumina nossos passos, mas também nos transforma, ajudando-nos a tomar decisões sábias e a viver de forma mais plena. Mesmo em momentos de incerteza, a Palavra de Deus é a âncora que nos mantém firmes, e ao buscá-la, podemos confiar que não estamos sozinhas na jornada.

DOWNLOAD DO CÉU

O que Deus falou com você por meio do devocional de hoje?

_____
_____
_____
_____

AÇÃO DO DIA

Escolha um versículo bíblico que te chame a atenção e reflita sobre ele durante o dia. Anote em seu diário como esse versículo se aplica à sua vida no momento presente. Ao final do dia, reveja suas anotações e agradeça a Deus pela luz que a Palavra traz para sua vida.

DICA DA DJESSI

Tente estudar a Bíblia regularmente, mesmo que seja por um curto período de tempo. Se possível, participe de um grupo de estudo bíblico para compartilhar suas descobertas e aprender com outras pessoas.

Quem caminha com a Palavra nunca tropeça no escuro.

Dia 16 _/_/_

 CORPO > ALIMENTAÇÃO

 Quem obedece à lei é filho sábio, mas o companheiro dos glutões envergonha o pai. (Provérbios 28:7)

Rodeie-se de boas companhias e alimente-se com sabedoria

Uma pessoa que come de maneira exagerada, com muita pressa e sem mastigar adequadamente, ingerindo a maior quantidade de comida possível, é descrita como glutona.

Cada uma de nós, em algum momento, já nos pegamos mastigando tão rapidamente que nem sequer apreciamos o sabor da comida. Talvez, depois de uma refeição farta demais, tenhamos pensado "Poxa, comi muito, deveria ter comido menos".

Assim como eu, você já deve ter passado por essa situação mais vezes do que gostaria. É surpreendente perceber que a Bíblia nos aconselha até mesmo sobre como devemos comer. O jeito certo de comer está previsto nas Escrituras! Incrível, não é?

A Palavra de Deus, em Provérbios 28:7, instrui claramente que devemos obedecer à lei a fim de sermos considerados filhos sábios. A passagem alerta ainda que a falta de sabedoria em relação à alimentação nos torna glutões que envergonham o Pai.

Indo além da questão da alimentação, o autor do texto deste estudo destaca a importância de escolher sabiamente as companhias. Quando ele diz que "o companheiro dos glutões envergonha o pai", a lição é clara: caminhar ao lado de pessoas excelentes nos inspira a buscar a excelência; conviver com pessoas ativas nos motiva a ser mais ativos; e estar na companhia de pessoas generosas nos encoraja a agir com generosidade.

Contudo, essa lição também se aplica aos maus hábitos. Assim como ser companheiro de glutões nos torna motivo de vergonha para Deus, as más companhias corrompem os bons costumes e nos incentivam a adotar hábitos indesejáveis, como a glutonaria.

Hoje pode ser um dia de mudança. Você tem a oportunidade de refletir sobre como tem mastigado e digerido o alimento físico. Acredito que da mesma forma que agimos no natural também agimos no espiritual. Precisamos estar cientes de que Deus não quer que "engulamos" sua Palavra de forma apressada e desatenta. Ele espera que a apreciemos, que nos deliciemos e sintamos o sabor de cada pedacinho, de cada versículo, assim como devemos fazer com o alimento físico.

DOWNLOAD DO CÉU

O que Deus falou com você por meio do devocional de hoje?

_____
_____
_____
_____

AÇÃO DO DIA

Na sua próxima refeição, seja o café da manhã, o almoço ou o jantar, convido você a mastigar cada pedaço, colherada ou garfada do alimento por, pelo menos, trinta vezes antes de engolir. Essa atitude a ajudará a digerir melhor e aumentará a sensação de saciedade.

DICA DA DJESSI

Corte os alimentos em pedaços menores: isso facilita a mastigação e te incentiva a mastigar mais vezes. Com um pouco de prática e dedicação, você pode transformar esse exercício em um hábito para toda a vida.

NÃO COMA PARA ESQUECER.

COMA PARA VIVER (COM PROPÓSITO).

Dia 17 _/_/_

 MENTE › PERDÃO

 Se confessarmos os nossos pecados, ele é fiel e justo para perdoar os nossos pecados e nos purificar de toda injustiça. (1João 1:9)

Reconcilie-se com Deus e consigo mesma

Você já fez algo do qual se arrependeu? Ou algo que machucou tanto seu coração que você desejou poder voltar atrás e fazer diferente? Eu já!

Acredito que todas nós já fizemos coisas das quais não nos orgulhamos. Em algumas situações, agimos de maneira que, olhando para trás, gostaríamos de ter feito diferente — ou até mesmo de não ter feito nada, porque o correto seria não agir. Em outras ocasiões, parece que nossa boca fala mais rápido do que nossa mente consegue pensar, e percebemos que poderíamos ter escolhido melhor as palavras. Ainda assim, é certo que a boca falou do que o coração estava cheio (cf. Mateus 12:34).

Independentemente do motivo que nos levou ao erro, o que restou foi o arrependimento. O texto que separei para o estudo de hoje nos mostra o caminho para não remoermos o passado, que não pode ser alterado: a confissão! Vale a pena observar alguns versículos adicionais de 1João 1:8-10 para compreendermos melhor esse aspecto:

> Se afirmarmos que não temos pecado, enganamos a nós mesmos, e a verdade não está em nós. Se confessarmos os nossos pecados, ele é fiel e justo para perdoar os nossos pecados e nos purificar de toda injustiça. Se afirmamos que não temos cometido pecado, fazemos de Deus um mentiroso, e a sua palavra não está em nós.

A partir do texto expandido, obtemos uma lição ainda mais completa. Em primeiro lugar, é impossível nunca ter errado, pois o pecado está presente em toda a humanidade desde o Jardim do Éden. Segundo, não assumir seus erros é mentir para si mesmo. Terceiro, a confissão é a saída para mudar a situação. Quarto, persistir em dizer que nunca erramos nos torna mentirosos e indignos de viver com a Verdade, que é Cristo.

==Deus está disponível para transformar a nossa condição de pecado em justiça.== Somente Ele é capaz de nos perdoar e purificar, porque Ele é fiel e justo. Basta que confessemos. Hoje convido você a refletir e a perguntar ao Espírito Santo se existe algo em sua vida pelo qual você ainda se sinta culpada, amarrada. Lembre-se de que você não está lendo este devocional à toa, o Espírito Santo a convida a se libertar de todas as amarras e pesos que você tem carregado.

DOWNLOAD DO CÉU
O que Deus falou com você por meio do devocional de hoje?

_____
_____
_____

AÇÃO DO DIA
Faça uma oração pedindo ao Espírito Santo que ele revele quais são as situações pelas quais você precisa **se perdoar, liberar o autoperdão**. Confesse cada uma delas diante de Deus e peça perdão.

DICA DA DJESSI
Seja gentil consigo mesma. O processo de autoperdão pode levar tempo, então não se culpe se não conseguir perdoar de imediato. Além de orar e meditar na Palavra, também considere procurar ajuda de um terapeuta. Lembre-se que a saúde mental é tão importante quanto a espiritual. Um terapeuta pode auxiliar em questões emocionais que podem estar dificultando o processo de autoperdão.

Dia 18 _/_/_

 ESPÍRITO > JEJUM

 Enquanto adoravam ao Senhor e jejuavam, disse o Espírito Santo: "Separem-me Barnabé e Saulo para a obra a que os tenho chamado". (Atos 13:2)

Se você está buscando alguma resposta específica da parte de Deus e deseja ouvir o que o Espírito Santo tem a dizer sobre o assunto, jejue!

Ao ler Atos 13:2, acaso você notou duas palavras importantes: **adoravam** e **jejuavam**? Observe-as com atenção. Grandes homens e mulheres de Deus venceram guerras espirituais apenas com jejum e oração. Adepto declarado ao jejum, Luciano Subirá diz:

> O jejum é mencionado diversas vezes na Bíblia, sendo uma prática recomendada e vivida tanto no Antigo quanto no Novo Testamento. Personagens como Moisés, Davi e a própria rainha Ester jejuaram em momentos de grande angústia ou decisão, buscando a direção de Deus. No Novo Testamento, Jesus não apenas jejuou, mas também ensinou sobre a importância do jejum (Mateus 6:16-18).*

O jejum é uma prática milenar e indicada para os cristãos do nosso tempo. Certa vez, eu precisava tomar uma decisão muito importante e

---

*SUBIRÁ, Luciano. *O que é jejum?* Disponível em: https://bit.ly/OQueEJejum. Acesso em: 12 ago. 2024.

estava sendo muito atacada. Então, dobrei meus joelhos para orar e ler a Bíblia. Deus falou comigo por intermédio do livro do profeta Daniel, um homem que escolheu jejuar (essa história, contarei com mais detalhes no próximo dia do jejum! Fica o spoiler).

Na passagem de hoje, vemos claramente que o Espírito de Deus desceu enquanto eles oravam e jejuavam, mostrando que o jejum fortalece nosso espírito e nos ajuda a ouvir o Senhor com mais clareza.

Quando adoecemos, a primeira coisa que perdemos é o apetite — não sentimos vontade de comer. Com nosso espírito não é diferente: quando ele está "doente", perde a fome de Deus! Ouvi essa poderosa verdade na escola de evangelismo do Ben Fitzgerald, do *Awakening Europe* (Despertando a Europa), e ela faz todo sentido. A doença tira a nossa fome, enquanto a saúde plena nos traz apetite e desejo por alimento.

DOWNLOAD DO CÉU
O que Deus falou com você por meio do devocional de hoje?

_____
_____
_____
_____

AÇÃO DO DIA
Dedique-se ao Senhor em jejum hoje. Pergunte a si mesma: "O que eu quero consagrar a Deus hoje? Por quanto tempo vou me dedicar a isso?". Lembre-se: o jejum não é sobre sacrifício vazio, mas sobre espaço aberto para Deus agir.

DICA DA DJESSI
Realize seu tempo de jejum com responsabilidade e atenção aos sinais do seu corpo. Durante esses momentos, dedique mais tempo à oração, à leitura da Bíblia e à meditação. Ore a Deus e peça por mais **fome e sede** de conhecer a Jesus.

Jesus não apenas jejuou, mas também

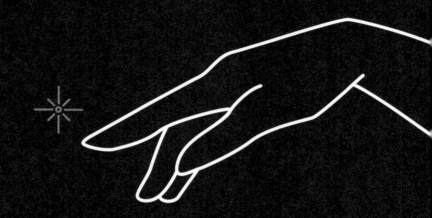

ensinou sobre a
importância do jejum.

Dia 19 _/_/_

 CORPO › SONO

 "[...] Restaurarei o exausto e saciarei o enfraquecido". Então acordei e olhei ao redor. Meu sono tinha sido agradável. (Jeremias 31:25–26)

Sono bom e agradável é promessa de Deus. Creia e desfrute dessa promessa!

Como é delicioso poder acordar depois de uma noite de sono bem dormida. Não há nada melhor que isso! Sei, porém, quem nem todos compartilham dessa felicidade comigo. Algumas pessoas têm dificuldade para adormecer. Outras rolam de um lado para o outro na cama e simplesmente não dormem.

Caso você tenha algum problema relacionado à insônia ou seu sono não seja nem um pouco reparador, saiba que existem muitas promessas para você na Bíblia. Como diz o texto de hoje, o Senhor restaurará o exausto e saciará o enfraquecido. Tenho plena confiança nessa verdade; se você também crê nisso, leia em voz alta a seguinte oração:

Pai, restaura-me! Renova-me! Estou exausta, então, dá-me um sono agradável esta noite. Desde já, eu te agradeço pela noite maravilhosa e restauradora que terei. Em nome de Jesus, amém.

Para desfrutar de um descanso proveitoso, além de demonstrar a sua confiança em Deus, você também pode "esvaziar sua mente" e tentar relaxar. Anote tudo o que precisa fazer no outro dia; assim, você evita se preocupar com o que não pode resolver à noite e ainda garante que se lembrará das tarefas pela manhã. Essa prática aumenta as chances de desconexão, proporcionando mais tranquilidade para um boa noite de sono.

Lembre-se, também, dos benefícios de um boa noite de sono para sua vida:

1. Fortalecimento do sistema imunológico.
2. Consolidação da memória.
3. Redução do estresse.
4. Melhor humor e sociabilidade.
5. Melhor raciocínio e concentração.*

Você deseja tudo isso, não é? Então, chegou o momento de tomar posse da Palavra e da promessa de Deus entregue a nós por meio do profeta Jeremias. Para alcançar essas bênçãos, você deve se organizar para estar na cama hoje uma hora mais cedo do que seu horário de habitual.

Bom descanso, pupila!

DOWNLOAD DO CÉU

O que Deus falou com você por meio do devocional de hoje?

_____

_____

_____

AÇÃO DO DIA

Planeje o seu dia para cumprir as tarefas e estar pronta para dormir cedo. A recomendação é que seja entre 21h30 e 22h30. Se preciso, anote em uma agenda tudo o que precisa fazer para conseguir se organizar.

DICA DA DJESSI

Desconecte-se das telas duas horas antes do seu horário previsto para dormir e colha os benefícios dessa prática!

---

* OFFICE OF DIESEASE PREVENTION AND HEALTH PROMOTION. OASH. Get enougth spleep. *MyHealthfinder*. [s. d.]. Disponível em: bit.ly/SuficienteSono. Acesso em: 26 ago. 2024.

Dia 20 _/_/_

 MENTE > GRATIDÃO

 Como é bom render graças ao Senhor e cantar louvores ao teu nome, ó Altíssimo, anunciar de manhã o teu amor leal e de noite a tua fidelidade. (Salmos 92:1–2)

Ser grata é um ato de adoração a Deus! Comece o seu dia agradecendo!

O salmo escolhido para esta reflexão tem uma beleza ímpar! Se observarmos cuidadosamente o texto, perceberemos que ele se refere à gratidão, ao ato de "render graças ao Senhor" e cantar louvores a seu nome. Em seguida, o cântico nos apresenta uma maneira de agradecer na prática: "anunciar".

Temos de render graças ao Senhor de manhã, por seu amor leal, e de noite, por sua fidelidade. O amor e a fidelidade de Deus são imutáveis, porque ele é imutável.

Nosso Pai Celeste comprovou seu amor por nós ao entregar seu Filho Unigênito para morrer por nós na cruz e, depois de três dias, ressuscitar, libertando-nos das cadeias do pecado e nos conduzindo à vida eterna a seu lado. Ele já fez tudo! Mesmo que, depois da morte e ressurreição de Jesus, Deus decidisse nunca mais agir em nosso favor, já teríamos inúmeras bênçãos pelas quais sermos gratas. Ainda assim, a bondade de Deus se renova, e diariamente recebemos doses de sua generosidade.

Apesar de sermos alvo de tamanho altruísmo, é comum reclamarmos. A reclamação, porém, é o oposto da gratidão. Pense em como você reage ao mau tempo. Como você age ao começar o dia? Qual sua reação quando está atrasada? O que você faz quando recebe uma má notícia?

Anuncie o amor leal de Deus pela manhã. Quer as coisas estejam bem ou pareçam difíceis, nosso dever é declarar ao mundo o amor de Deus.

Precisamos nos lembrar de sua bondade e de seu cuidado conosco. Por isso, quero convidá-la a fazer uma lista da lealdade de Deus na sua vida, para que possa trazer à memória os incontáveis motivos que, tenho certeza, estão presentes em sua vida e pelos quais você pode agradecer ao Senhor, mesmo que neste momento não consiga se lembrar deles.

DOWNLOAD DO CÉU

O que Deus falou com você por meio do devocional de hoje?

___

___

___

___

 AÇÃO DO DIA

 DICA DA DJESSI

Liste em seu diário dez situações na sua vida nas quais você viu a fidelidade e o amor leal de Deus, como livramento de um acidente, nascimento de uma criança, cura de uma enfermidade, provisão financeira em tempos de dificuldade etc.

Seja específica, descrevendo o que você viu, ouviu, sentiu, cheirou e experimentou durante cada situação. Dessa forma, você constrói um registro tangível da providência divina em sua vida, intensificando o sentimento de gratidão e fortalecendo sua fé.

Gratidão é a memória do amor de Deus em ação!

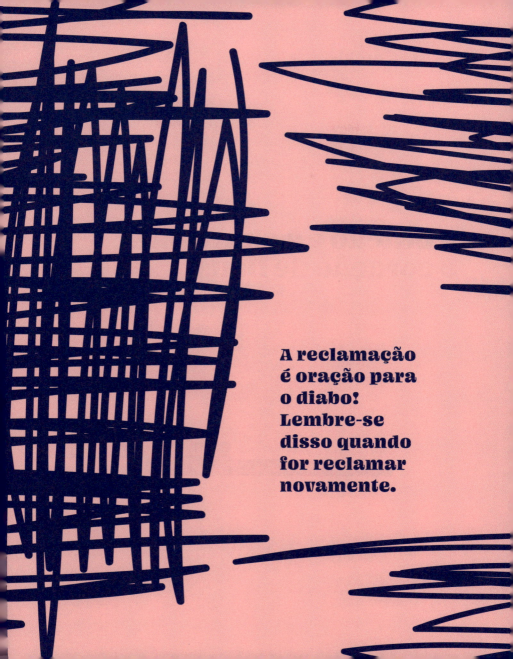

A reclamação é oração para o diabo! Lembre-se disso quando for reclamar novamente.

Dia 21 _/_/_

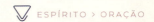 ESPÍRITO > ORAÇÃO

E o anjo me disse:
— Daniel, Deus o ama muito e me mandou falar com você. Fique de pé e preste atenção no que vou dizer.
Então eu fiquei de pé, tremendo dos pés até a cabeça. Aí ele disse:
— Não fique com medo, Daniel, pois Deus ouviu a sua oração desde a primeira vez que você se humilhou na presença dele a fim de ganhar sabedoria. Eu vim em resposta à sua oração. (Daniel 10:11–12, NTLH)

A oração é a chave para o coração de Deus!

Você dedicou toda sua atenção à leitura bíblica reservada para hoje? Notou especialmente este trecho: "Deus ouviu a sua oração desde a primeira vez que você se humilhou na presença dele a fim de ganhar sabedoria. Eu vim em resposta à sua oração"? Nesse versículo, temos uma lição preciosa para aprender com Daniel.

Muitas pessoas acreditam que Deus respondeu a Daniel nessa ocasião porque o profeta estava em um período dedicado ao jejum, afinal é o que a Palavra afirma. No entanto, a verdade é que Deus não respondeu por causa do sacrifício físico do jejum; em vez disso, Daniel recebeu uma resposta divina a partir do momento em que ele orou. Orar significa tocar o coração de Deus!

Há um tempo, conversei com a minha mãe ao telefone a respeito do poder que existe na oração. Ela me disse na época que o Senhor a havia acordado na madrugada para orar.

Enquanto se preparava para se dedicar em oração, ela percebeu que, quando oramos, falamos com Deus, nosso Criador — aquele que fez todo o Universo a partir do nada, aquele que nos deu a vida e que tem o mundo sob seus pés. Essa consciência despertou nela uma reflexão: quando estamos diante de alguém tão importante, não podemos agir como se nosso interlocutor não fosse importante nem nos portar de qualquer maneira.

    As palavras da minha mãe me constrangeram com tanta força que entendi que deveria escrever sobre esse tema. Este devocional é um convite para você se juntar ao profeta Daniel, à minha mãe e a mim em um momento de oração no qual cada uma de nós tem plena consciência de com quem está falando.

DOWNLOAD DO CÉU

O que Deus falou com você por meio do devocional de hoje?

_____

_____

_____

_____

AÇÃO DO DIA

Dedique dez minutos deste dia para orar, com plena consciência de quem **Deus é**. Idealmente, esteja sozinha, em um lugar fechado e de joelhos. Antes de iniciar, escolha uma música instrumental para acompanhar você nesse período.

DICA DA DJESSI

Antes de começar a orar, escreva em seu diário da jornada três atributos de Deus que tocam seu coração (como: "Pai amoroso", "Justo e misericordioso"). Leia o que escreveu em voz alta antes da oração. Isso vai te ajudar a direcionar seu foco para quem Ele é, e não apenas para o que você precisa.

Lembre-se: quando oramos, estamos conversando com o Criador do Universo. Cada palavra importa, porque Ele nos ouve com todo o Seu amor e poder.

roda da vida

Parabéns, você completou 3 semanas de jornada! O que já floresceu? Vamos refazer a roda da vida para descobrir?

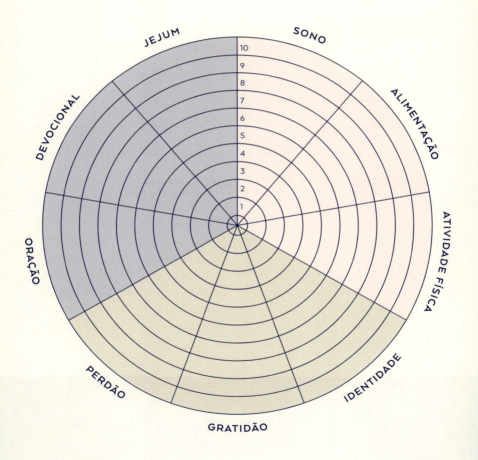

Em 21 dias, seu corpo, mente e espírito começaram a ser recondicionados. O que parecia difícil já está se tornando parte da sua rotina. Agora é hora de fazer uma pausa consciente e refletir sobre os frutos que começaram a brotar.

- Que hábito novo consegui manter até aqui?
  _____
- O que foi mais difícil e por quê?
  _____
- Que mudança mais me surpreendeu em mim mesma?
  _____
- Onde já posso ver os sinais da graça de Deus me fortalecendo?
  _____

Pegue seu diário da jornada e desenvolva suas respostas.. Talvez você ainda não veja resultados visíveis em todas as áreas, mas lembre-se: a transformação mais poderosa costuma começar no invisível. O solo do seu coração está sendo trabalhado, e isso é obra do Espírito.

Você não está mais no mesmo lugar. A semente foi plantada e já há raízes crescendo em silêncio. Perceba o que floresceu até aqui. Valorize cada passo, cada pequeno avanço, cada escolha consciente que você fez. O progresso não precisa ser perfeito, só precisa ser real. Continue regando sua jornada com fé, entrega e constância. O que começou com disciplina logo se tornará parte de quem você é.

Os pequenos hábitos de hoje são os milagres que você verá amanhã.

Dia 22 _/_/_

CORPO > ATIVIDADE FÍSICA

Eu te louvo porque me fizeste de modo assombroso e admirável. As tuas obras são maravilhosas! Sei disso muito bem. (Salmos 139:14)

Você é a última e principal obra da criação!

Uma outra versão do versículo de hoje diz assim: "Graças te dou, visto que de modo assombrosamente maravilhoso me formaste; as tuas obras são admiráveis, e a minha alma o sabe muito bem" (NAA).

Sempre que leio esse salmo, uma pergunta logo surge em minha mente, e, ao compartilhá-la com você, espero por sua resposta sincera: você já fez algo na sua vida que foi realmente especial? Pode ter sido um jantar, um desenho ou alguma forma de arte. Talvez, quem sabe, tenha sido um momento em que você se dedicou a arrumar a casa de maneira carinhosa para receber uma visita muito aguardada. Você se lembra de como foi o preparativo e os cuidados com cada detalhe?

Quando você considera alguém especial e deseja fazê-la se sentir bem, você se dedica, se empenha ao máximo, dá o seu melhor e investe tempo nos preparativos. Foi exatamente assim que aconteceu quando Deus criou você. ==Você não é obra do simples acaso nem surgiu em um momento de descuido divino — de maneira alguma! Você foi feita de modo especial, de um jeito admirável!==

É maravilhoso e impressionante saber que Deus nos fez com tanto zelo. Ele nos criou de forma única e admirável. Carregar conosco a convicção de que não somos um erro nem um acidente é verdadeiramente libertador. Cada traço do meu e do seu rosto foi desenhado por Deus; cada parte do seu corpo também.

Quando Deus nos formou, Ele não apenas criou um ser físico, mas também infundiu em nós propósitos profundos. Cada parte do nosso ser reflete Sua sabedoria infinita e Seu cuidado. Às vezes, podemos nos esquecer dessa verdade e nos deixar consumir pela rotina ou pelas pressões do dia a dia. Mas, ao parar e refletir sobre o quão maravilhosamente fomos criadas, somos chamadas a cultivar em nós a dignidade que Deus nos deu. Cuidar de nossa saúde, respeitar nossos limites e buscar equilíbrio em nossa vida não é apenas um ato de amor próprio, mas um reconhecimento da obra divina em nós.

Por isso, devemos cuidar do nosso corpo e zelar por ele. Tudo o que é especial para nós, tudo o que valorizamos, guardamos a sete chaves, como um tesouro. Cuidamos, amamos e respeitamos aquilo que é importante. Também devemos agir assim em relação ao templo físico temporário em que habitamos: o nosso corpo.

DOWNLOAD DO CÉU

O que Deus falou com você por meio do devocional de hoje?

_____

_____

_____

_____

AÇÃO DO DIA

Faça uma atividade física leve que te traga prazer: pode ser uma caminhada, uma dança no quarto ou alongamentos no tapete da sala. Movimente-se com gratidão, reconhecendo que seu corpo é uma criação única e maravilhosa de Deus.

DICA DA DJESSI

Enquanto se exercita, lembre-se: seu corpo foi feito por Deus de modo especial, com detalhes únicos e cheios de propósito. Cuide dele!

O cuidado com o seu corpo não deveria ser uma questão de vaidade, mas uma responsabilidade espiritual. Honre a criação de Deus cuidando bem da sua saúde, energia e rotina.

Dia 23 __/__/__

 MENTE > IDENTIDADE

 Portanto, se alguém está em Cristo, é uma nova criação. As coisas antigas já passaram; eis que se fizeram novas! (2Coríntios 5:17)

Em Cristo, somos novas criaturas

Cristo provê a cada um de nós, sem exceção, uma vida completamente nova quando nos tornamos um com ele:

1. Porque nascemos de novo (João 3:7).
2. Porque fomos gerados pela palavra da verdade (Tiago 1:18).
3. Porque fomos criados em Cristo Jesus (Efésios 2:10).
4. Porque nascemos, não de semente corruptível, mas de incorruptível, pela Palavra de Deus, a qual vive e permanece (1Pedro 1:23).

Se você está em Cristo, então agora é uma nova pessoa. Tudo o que pertencia à sua velha vida já não mais é levado em conta, pois seu passado se refere às atitudes de alguém que já não existe mais.

Ser uma nova criação, portanto, significa ter uma nova identidade. É isso que a Bíblia indica ao dizer "eis que se fizeram novas", ou, na tradução da Bíblia de Jerusalém, "se fez uma realidade nova". Como você é uma nova pessoa, com uma nova identidade e realidade, tudo quanto a Palavra de Deus diz que você é, tem e pode fazer, você realmente é, tem e pode fazer, pois isso faz parte da sua nova realidade.

Antes de sermos recriados em Jesus, éramos escravos do pecado, mas agora há uma nova realidade a nosso respeito: o pecado já não mais tem domínio sobre nós (Romanos 6:14). Nem o pecado, nem o Diabo, nem as consequências do pecado — como a enfermidade, a dor, a miséria e toda forma de maldição —, nenhuma dessas coisas, têm domínio sobre nós mais! Em Cristo Jesus, passamos a viver e usufruir essa nova realidade.

É um grande privilégio sermos filhas do Deus todo-poderoso! Não é lindo? Apesar de compreendermos pouco os nossos privilégios como filhas de Deus, não podemos nos esquecer de que eles englobam:

1. Sermos livres da escravidão (Êxodo 5:1)
2. Recebermos o Espírito de adoção (v. 15 ; Gálatas 4:5-6)
3. Conhecermos a Deus como Pai (v. 15)
4. Termos em nós o testemunho (1João 5:10)
5. Sermos herdeiras (Lucas 15:31)
6. Estarmos prontas para sofrer (v. 17)
7. Sermos glorificadas com o Filho (v. 17).

 DOWNLOAD DO CÉU

O que Deus falou com você por meio do devocional de hoje?

 AÇÃO DO DIA

 DICA DA DJESSI

Escreva em seu diário da jornada dez declarações sobre sua nova identidade em Cristo. Leia essas declarações em voz alta, olhando para si mesma no espelho, pelo menos três vezes ao longo do dia. Ao fazer isso, visualize-se como uma nova criatura em Cristo, cheia de vida e de propósito.

Aqui estão algumas da frases que você pode anotar: "Eu sou livre", "Eu tenho um Pai", "Eu sou uma nova criatura". Celebre as transformações que Deus tem operado em sua vida e declare com fé a identidade que Ele lhe deu.

Você foi criada por Deus,

nos mínimos detalhes.

Dia 24 __/__/__

ESPÍRITO › BÍBLIA

Como pode um jovem conservar pura a sua vida? É só obedecer aos teus mandamentos. Eu procuro te servir de todo o coração; não deixes que eu me desvie dos teus mandamentos. Guardo a tua palavra no meu coração para não pecar contra ti. Eu te louvo, ó Senhor Deus! Ensina-me as tuas leis. Costumo repetir em voz alta todas as ordens que tens dado. Fico mais alegre em seguir os teus mandamentos do que em ser muito rico. Estudo as tuas leis e examino os teus ensinamentos. As tuas leis são o meu prazer; não esqueço a tua palavra. (Salmos 119:9–16, NTLH)

Leia a Palavra. Pratique a Palavra. Seja transformada!

Não sei quantos anos você, que está com este livro em mãos agora, tem. O que sei e posso afirmar é que hoje é o dia perfeito para colocarmos em prática o que o rei Davi escreveu aqui.

O salmo 119 é o maior capítulo da Bíblia, com 176 versículos. Amo esse capítulo da Palavra de Deus porque nele há dois tons dominantes: a alegria e a felicidade, como é possível observar nos versos 14, 16, 24, 35, 47, 70, 77, 92, 111, 143, 162, 174. Além disso, em nenhuma ocasião, o salmista reclama de ter de obedecer à lei de Deus, porque ele compreende que a lei não tira a liberdade humana, nem sequer é negativa; na verdade, ela é sempre fonte de vida, luz, sabedoria, consolo, liberdade, esperança e segurança.

Minha intenção com esse salmo é que você passe a compreender a Palavra de Deus, a partir de hoje, como ela realmente é: vida, luz, sabedoria, esperança e segurança. Para tanto, feche seus olhos por um minuto e visualize uma Bíblia com uma luz reluzente saindo de dentro dela, indo na sua direção, entrando em seu coração, subindo para sua mente até iluminar todo o seu corpo. Deixe que a sensação de ser iluminada por inteiro tome todo o seu ser. Quando se sentir plena, abra os olhos novamente.

==Que você possa se apaixonar pela Bíblia, o manual de instruções que Deus deixou para nós, a fim de que se torne seu guia e sua fonte de saciedade.==

Se você sentir medo, leia a Palavra!
Está ansiosa? Abra a Palavra.
Tem alguma dúvida? Busque a Palavra.
A angústia está tomando conta do seu ser? Consulte a Palavra!

DOWNLOAD DO CÉU

O que Deus falou com você por meio do devocional de hoje?

_____
_____
_____
_____

AÇÃO DO DIA

Pratique a atividade de fechar os olhos e visualizar a luz da Palavra de Deus entrar em você e alcançar os lugares mais íntimos. Depois de abrir os olhos, leia novamente Salmos 119:9-16 e sinta a **alegria** que emana do texto sagrado.

DICA DA DJESSI

Saiba que você tem um guia, um Pai Celeste cuidadoso, que deixou tudo escrito para você não errar. Lembre-se de que Ele deseja o seu sucesso; Ele ama você mais do que qualquer pessoa.

A Palavra de Deus é luz que invade a alma, consola o coração e ilumina o caminho. Deixe-se ser preenchida por essa luz hoje!

Dia 25 _/_/_

CORPO > ALIMENTAÇÃO

Assim, chegou a uma cidade de Samaria, chamada Sicar, perto das terras que Jacó tinha dado ao seu filho José. Havia ali o poço de Jacó. Cansado da viagem, Jesus sentou-se à beira do poço. Isto se deu por volta do meio-dia. Nisso veio uma mulher samaritana tirar água. Jesus lhe disse:
— Dê-me um pouco de água.
Os seus discípulos tinham ido à cidade comprar comida. A mulher lhe perguntou:
— Como o senhor, sendo judeu, pede a mim, uma samaritana, água para beber?
Ela perguntou isso porque os judeus não se dão com os samaritanos. Jesus lhe respondeu:
— Se você conhecesse o dom de Deus e quem está pedindo água, você lhe teria pedido, e ele lhe daria água viva.
A mulher disse:
— O senhor não tem com que tirar água, e o poço é fundo. Onde pode conseguir essa água viva? Acaso o senhor é maior do que o nosso pai Jacó, que nos deu o poço, do qual ele mesmo bebeu, bem como seus filhos e o seu gado?
Jesus respondeu:
— Quem beber desta água terá sede outra vez, mas quem beber da água que eu lhe der se tornará nele uma fonte de água a jorrar para a vida eterna.
A mulher lhe disse:
— Senhor, dê-me dessa água, para que eu nunca mais tenha sede nem precise voltar aqui para tirar água. (João 4:5–15)

A água que sacia nossa sede!

É exatamente o que tinha a mulher samaritana do texto de hoje, que é uma das minhas passagens bíblicas preferidas! Amo o fato de que Jesus quebra as regras. Para começar, ele conversa sozinho com uma mulher, o que não era permitido. Piora a situação o fato de a mulher ser samaritana, pois os judeus não falavam com os samaritanos.

O que realmente importa, e é o motivo de eu amar esse relato, é que a atitude de Jesus nos ensina que não importa sua estatura, seu biotipo, seu estilo de cabelo, sua raça, seu país... você só precisa crer! Assim como a mulher samaritana, muitas vezes nos encontramos sedentos em um mundo árido. Buscamos em diversas fontes a satisfação que só Jesus pode nos dar. No entanto, Ele nos convida a beber da água viva, que é o Espírito Santo. Quando ele afirma que quem beber da água que ele der terá em si uma fonte de água de vida eterna, refere-se a uma água espiritual. Essa água não apenas sacia nossa sede, mas também nos transforma por dentro. Ao aceitarmos a Jesus como nosso Salvador, recebemos uma nova vida, uma vida abundante e eterna.

Nosso corpo é composto 70% de água; então, assim como precisamos da Palavra para beber da fonte de água viva, também é essencial beber água ao longo do dia. É recomendado beber ao menos dois litros de água diariamente. Você consegue!

DOWNLOAD DO CÉU

O que Deus falou com você por meio do devocional de hoje?

_____
_____
_____
_____

AÇÃO DO DIA

Ao beber água, estamos não apenas hidratando nosso corpo, mas também nos purificando de impurezas e nos renovando para um novo dia. Por isso, tenha com você uma garrafinha de água de, no mínimo, 500 ml. Beba todo o conteúdo ao menos quatro vezes por dia. Comece hoje mesmo!

DICA DA DJESSI

Assim como a samaritana, nós também buscamos saciar uma sede espiritual profunda. Cada vez que beber água, lembre-se de que você está se conectando com a fonte da vida eterna e renove seu compromisso de buscar a Deus e de permitir que o Espírito Santo flua em sua vida

Basta crer.

Dia 26 __/__/__

MENTE > PERDÃO

Então, Pedro aproximou-se de Jesus e perguntou:
— Senhor, quantas vezes deverei perdoar o meu irmão quando ele pecar contra mim? Até sete vezes?
Jesus respondeu:
— Eu digo a você que não até sete vezes, mas até setenta e sete vezes. Por isso, o reino dos céus é como um rei que desejava acertar contas com os seus servos. Quando começou o acerto, foi trazido à sua presença um que lhe devia dez mil talentos. Como não tinha condições de pagar, o senhor ordenou que ele, a sua mulher, os seus filhos e tudo o que ele possuía fossem vendidos para pagar a dívida. O servo prostrou-se diante dele e implorou: "Tem paciência comigo, e tudo te pagarei." O senhor daquele servo teve compaixão dele, cancelou a dívida e o deixou ir. Mas, quando aquele servo saiu, encontrou um dos seus conservos que lhe devia cem denários. Ele o agarrou e começou a sufocá-lo, dizendo: "Pague o que me deve!" Então o seu conservo caiu de joelhos e implorou-lhe: "Tenha paciência comigo, e pagarei a você." Ele, porém, não quis. Antes, saiu e mandou lançá-lo na prisão, até que pagasse a dívida. Quando os servos que eram companheiros dele viram o que havia acontecido, ficaram muito tristes e foram contar tudo ao seu senhor. Então, o senhor chamou o servo e disse: "Servo mau, cancelei toda a sua dívida porque você me implorou. Não deveria você ter tido misericórdia do seu conservo, como eu tive de você? Irado, o seu senhor entregou-o aos torturadores, até que pagasse tudo o que devia. Assim também fará o meu pai celestial a vocês se cada um não perdoar de coração o seu irmão. (Mateus 18:21–35)

Somente com Jesus conseguimos verdadeiramente perdoar!

Assim como os pais estão sempre dispostos a acolher os filhos que erram, o Senhor perdoa o pecador arrependido.

O perdão concedido pelo Pai Celeste deve refletir na convivência dos irmãos de fé. Precisamos compreender que receber o perdão divino e perdoar o próximo são ações concomitantes, ensinadas reiteradas vezes por Jesus, como nos mostra Mateus 6.12,14-15.

A parábola que reservei para a leitura de hoje nos ensina que somos incapazes de amar como Deus nos ama, e de perdoar como Ele nos perdoa, pois somos simplesmente humanos. Isso significa que precisamos renovar nossa mente todos os dias, ler a Bíblia e buscar a fonte do amor (Jesus), pois é dessa maneira que seremos capazes de genuinamente agradar o coração de Deus.

Você não perdoa ou deixa de conceder perdão porque deseja ou não agir assim. Na verdade, você perdoa porque esse é um mandamento, e apenas Deus sabe o motivo dessa ordenança. Como afirmou John Stott: "O perdão é tão indispensável à vida e à saúde da alma, como o alimento o é para o corpo".* Seja livre de toda amargura que atormenta o seu coração ainda hoje, em nome de Jesus.

DOWNLOAD DO CÉU

O que Deus falou com você por meio do devocional de hoje?

_____
_____
_____
_____

AÇÃO DO DIA

Escreva em seu diário três situações em que Deus já a perdoou no passado, agradeça pela misericórdia divina e peça por mais amor ao próximo e por menos espírito de julgamento.

DICA DA DJESSI

Busque oportunidades de praticar a compaixão no seu dia a dia. Ajude alguém que esteja precisando, faça um elogio sincero ou simplesmente ouça com atenção um amigo que esteja passando por dificuldades.

---

* SILVA, Nerivan. Perdoar faz bem. *Vida e Saúde*, 22 dez. 2016. Disponível em: https://bit.ly/PerdoarFaz-Bem-VidaeSaude. Acesso em: 1 set. 2024.

Dia 27 _/_/_

ESPÍRITO > JEJUM

No terceiro ano de Ciro, rei da Pérsia, Daniel, também chamado de Beltessazar, recebeu uma revelação. A mensagem era verdadeira e falava de uma grande guerra. Na visão que teve, ele entendeu a mensagem.

Naqueles dias, eu, Daniel, passei por três semanas chorando. Não comi nada saboroso, não provei carne nem vinho, tampouco usei alguma essência aromática, até que se passaram as três semanas.

No vigésimo quarto dia do primeiro mês, eu estava em pé à margem daquele grande rio, o Tigre, olhei para cima e vi um homem vestido de linho, com um cinto de ouro puríssimo de Ufaz na cintura. O seu corpo era como o crisólito, e seu rosto, como um relâmpago; os seus olhos eram como tochas acesas, e os seus braços e as suas pernas, como reflexo de bronze polido; a sua voz era como o som de uma multidão.

Somente eu, Daniel, tive a visão. Os homens que me acompanharam nada viram, mas foram tomados de tal pavor que fugiram e se esconderam. Assim, fiquei sozinho, olhando para aquela grande visão; fiquei sem forças, muito pálido, e quase desfaleci. Então, eu escutei o que ele dizia e, ao som da sua foz, caí desacordado com o rosto em terra.

Em seguida, a mão de alguém tocou em mim e me pôs sobre as minhas mãos e os meus joelhos vacilantes. Ele disse:

— Daniel, você é um homem muito amado. Preste bem atenção no que vou dizer. Levante-se, pois eu fui enviado a você.

Quando ele me disse isso, pus-me em pé, tremendo. Ele prosseguiu:

— Não tenha medo, Daniel. Desde o primeiro dia em que você decidiu buscar entendimento e se humilhar diante do seu Deus, as suas palavras foram ouvidas, e eu vim em resposta a elas. Mas o príncipe do reino da Pérsia resistiu a mim durante vinte e um dias. Então Miguel, um dos príncipes supremos, veio em minha ajuda, pois eu fui impedido de continuar ali com os reis da Pérsia. Agora, vim explicar a você o que acontecerá ao seu povo nos dias que virão, pois a visão se refere a uma época futura. (Daniel 10:1–14)

Você está esperando uma resposta de Deus? Leia o devocional de hoje com atenção!

A história de Daniel nos mostra que, mesmo em meio à angústia, a perseverança na busca por Deus traz frutos abundantes. Daniel, um jovem que foi levado cativo para Babilônia, enfrentou enormes desafios: a perda da liberdade, a pressão para abandonar sua fé, e até a ameaça de morte. Porém, em todos esses momentos, ele nunca se afastou de Deus. Sua constante fidelidade e oração em meio à adversidade se tornaram um reflexo da sua confiança inabalável no Senhor. E foi essa perseverança que o capacitou a testemunhar grandes milagres.

Meu primeiro contato com a passagem bíblica que lemos hoje ocorreu em um momento muito importante, logo que me converti. Tive um encontro com Jesus em agosto de 2018, em São Francisco, na California, e passei por um processo desde essa data até meu batismo, em 21 de abril de 2019.

Nesse dia, comecei um relacionamento, apesar de ainda ser muito imatura na fé para entender alguns detalhes importantes. Em 2020, tomei a decisão de terminar, o que foi bastante difícil, pois se tratava de alguém especial. Aquele, porém, não era o relacionamento que Deus tinha para mim.

Depois desse rompimento, vivi um período caótico. Certo dia, chorei na casa da minha irmã, questionando o Senhor: "Deus, será que fiz a escolha certa? Não estou ficando doida nem sendo muito extremista, agindo como fanática? Será que vou me arrepender?". Acredito que você também já tenha feito questionamentos semelhantes. Em meio ao meu sofrimento, minha mãe, iluminada, disse: "Filha, vá ao banheiro, dobre seus joelhos, ore e peça que o Senhor fale com você. Em seguida, abra sua Bíblia.

Deus vai dar a você uma resposta que vai acalmar seu coração". Confiei nas palavras da minha mãe e segui seu conselho. Com o coração aflito, pedi a Deus que falasse comigo. Quando abri a Bíblia, ela me levou diretamente a um trecho do livro de Daniel que ia de "Naqueles dias, [...]" até "[...] na cintura".

Fiquei impactada, porque eu estava de jejum havia três semanas, aquele era exatamente o 24º dia. Que bálsamo essa leitura foi para minha alma, pupila! Meus questionamentos cessaram no mesmo instante. Deus estava me falando que eu estava na direção certa.

Encorajo você a tomar uma decisão hoje: definir o que você vai abdicar pelas próximas três semanas. Naquela época, escolhi chocolate. Escolha o que quiser e não deixe para depois.

DOWNLOAD DO CÉU

O que Deus falou com você por meio do devocional de hoje?

_____
_____
_____
_____

AÇÃO DO DIA

Escolha algum alimento ou bebida que você ame muito e consuma cotidianamente. Decida abster-se por três semanas, como Daniel. Anote as datas em seu diário da jornada. Não procrastine, ore sobre isso e inicie já!

DICA DA DJESSI

Anote como você se sente a cada dia, os desafios que enfrenta e as suas vitórias. Ao final de cada semana, relembre seus progressos e celebre cada pequena vitória. Lembre-se de que a jornada de três semanas é apenas o **começo**. Seja intencional a cada passo do caminho e **celebre suas conquistas**.

A perseverança na busca por Deus traz frutos abundantes. Confie, persevere e veja o agir dele em sua vida!

Dia 28 __/__/__  CORPO › SONO

 Quando se deitar, não terá medo, e o seu sono será tranquilo.
(Provérbios 3:24)

Deus cuida do teu sono!

A declaração de Provérbios 3:24 é, ao mesmo tempo, simples e maravilhosa! Para termos um bom dia, precisamos ter desfrutado uma boa noite de sono, concorda? Quando isso não acontece, sofremos diversos prejuízos. Vejamos alguns deles:

1. Fadiga e sonolência durante o dia.
2. Problemas de concentração e memória.
3. Alterações no humor.
4. Ganho de peso e problemas metabólicos.
5. Comprometimento do sistema imunológico.
6. Aumento do risco do desenvolvimento de doenças cardiovasculares.
7. Envelhecimento precoce da pele.
8. Problemas de saúde mental (ansiedade e depressão).
9. Redução da qualidade de vida geral.[*]

A sobrecarga diária de atividades a serem cumpridas muitas vezes promove estresse e ansiedade. Independentemente de a motivação ter surgido por causa de um grande projeto no trabalho, por problemas pessoais, por preocupações excessivas com um futuro ou por qualquer outro motivo, nossa saúde emocional e mental pode ser afetada. Dentre os fatores mais

---

[*]CONHEÇA oito problemas causados pelas noites mal dormidas. *Ruschel*. [s. d.]. Disponível em: https://bit.ly/ConheçaOitoProblemas. Acesso em: 15 abr. 2025, PINNA, Camilla Moreira de Sousa. Quais são os efeitos a longo prazo causados por noites mal dormidas? *Cuidados pela vida*. 19 out. 2023. Disponível em: https://bit.ly/EfeitosNoitesMalDormidas. Acesso em: 15 abr. 2025.

comuns que impedem as pessoas de dormirem bem e causam insônia estão: ansiedade, estresse, abuso de aparelhos eletrônicos luminosos, dores, abuso de cafeína ou álcool, hábitos de vida desregrados, e atividades excessivas perto do horário de dormir.**

O estresse e a ansiedade impedem o relaxamento necessário para dormir bem. Talvez você já tenha passado horas acordada, com a mente inquieta.

Mas a Palavra de Deus nos oferece paz e tranquilidade. Todas nós, que temos um relacionamento com Jesus, sabemos que já somos mais do que vencedoras; então, todas as vezes que vier uma preocupação ou um pensamento ruim, *não ofereça café para ele*. Não permita que informações inadequadas e desnecessárias ocupem sua mente, mande-as embora, diga que não há ninguém em casa!

Cabe a você decidir se vai manter ou repelir o pensamento intrusivo.

DOWNLOAD DO CÉU

O que Deus falou com você por meio do devocional de hoje?

_____
_____
_____
_____

AÇÃO DO DIA

Faça o ritual do sono. Coloque o seu celular no modo avião no máximo às 22h hoje. Tome um chá relaxante, borrife um aroma agradável no quarto, leia durante cinco minutos. Faça uma oração de agradecimento a Deus pelo seu dia e... boa noite!

DICA DA DJESSI

Lembre-se de que seu descanso é um presente de Deus. Faça do seu ritual de sono um momento de entrega total a Ele. Seus pensamentos e seu descanso estão nas mãos de Deus, e Ele guardará sua mente e seu corpo durante a noite.

**BRUAN, Maria Helena Varella. Insônia. 13 abr. 2011. Disponível em: bit.ly/Insonia-DrauzioVarella. Acesso em: 15 abr. 2025.

Sono em paz é promessa de Deus.

Confie e desligue.

Dia 29 __/__/__

ALMA > GRATIDÃO

Pedimos a Deus que vocês se tornem fortes com toda a força que vem do glorioso poder dele, para que possam suportar tudo com paciência. E agradeçam, com alegria, ao Pai, que os tornou capazes de participar daquilo que ele guardou no Reino da luz para o seu povo. Ele nos libertou do poder da escuridão e nos trouxe em segurança para o Reino do seu Filho amado. É ele quem nos liberta, e é por meio dele que os nossos pecados são perdoados. (Colossenses 1:11–14, NTLH)

Gratidão pelo sacrifício!

Paulo escreveu uma carta aos cristãos da cidade de Colossos, que ficava na província romana da Ásia, região que hoje faz parte da Turquia. Tudo indica que Epafras, um companheiro de trabalho do apóstolo e autor da carta, tenha sido o primeiro a anunciar o evangelho no local.

Nos versos que escolhi para este devocional, Paulo recomenda aos colossenses que agradeçam sempre a Deus, uma vez que o Senhor os libertou da escravidão do pecado e da morte, bem como os trouxe para o Reino de Cristo. Assim, também, nós devemos agir hoje.

Muitas vezes, querida pupila, empenhamos os dias em viver nossa vida sem ter a consciência plena do que Jesus Cristo fez por nós na cruz do Calvário. Ali, Ele nos libertou, pagou o preço e tomou sobre si os nossos pecados para que hoje pudéssemos viver em liberdade. Ele venceu a morte quando ressuscitou ao terceiro dia. Ele escolheu nos livrar de todo o mal e se entregar para que pudéssemos viver a eternidade ao lado dele. Chegou o momento de refletirmos por um minuto a respeito da seguinte indagação: qual foi a última vez que dedicamos tempo do nosso dia para agradecer ao Senhor por ele ter se sacrificado em nosso lugar? Talvez seja hora de silenciar o barulho ao redor e, de coração grato, expressar nossa admiração e agradecimento a Ele, que nos libertou e nos deu vida nova. Se você ainda não fez isso hoje, eu a convido a fechar os olhos e a pensar a respeito do sacrifício da cruz. Deixe todos os afazeres de lado para agradecer ao Senhor por ele ter morrido no seu lugar para que você tivesse a vida eterna. É isso que eu farei agora!

 DOWNLOAD DO CÉU

O que Deus falou com você por meio do devocional de hoje?

_____

_____

_____

_____

 AÇÃO DO DIA

Hoje, separe três momentos do seu dia para agradecer a Jesus pelo que Ele fez na cruz. Não peça nada. Apenas agradeça. Você pode fazer isso em silêncio, em voz alta ou até escrevendo uma palavra simples no seu diário da jornada. Essa prática vai te lembrar que a gratidão verdadeira não acontece só no sentir, mas é algo que se escolhe, se vive e se repete.

 DICA DA DJESSI

Para manter a gratidão acesa todos os dias, crie uma "âncora de gratidão": escolha um objeto que você usa com frequência (uma pulseira, um anel, um relógio) e associe a ele uma oração simples: "Jesus, obrigada por ter me amado até o fim." Esse lembrete vai te ajudar a viver com o coração sempre grato e voltado para o maior presente da sua vida.

A gratidão nos conecta à cruz.
Pare, respire e agradeça: Jesus morreu para que você viva em liberdade!

Dia 30 __/__/__

ESPÍRITO > ORAÇÃO

"Então, vocês clamarão a mim, virão orar a mim, e eu os ouvirei. Vocês me procurarão e me acharão quando me procurarem de todo o coração. Eu me deixarei ser encontrado por vocês", declara o Senhor, "e os trarei de volta do cativeiro". (Jeremias 29:12–14)

O Senhor deseja tudo que temos

É fundamental lermos os textos de referência ao estudarmos um devocional. Você leu o texto de hoje? Entendeu o que acabou de ler? Caso você não tenha se atentado aos detalhes, vou ajudá-la, pupila: "Vocês me procurarão e me acharão quando me procurarem de todo o coração. Eu me deixarei ser encontrado por vocês".

Por meio do profeta Jeremias, o Senhor está nos prometendo que o acharemos quando o buscarmos de todo o nosso coração. Não é suficiente empenhar 90% ou mesmo 99% do nosso coração; ele quer que o busquemos de todo o coração, ou seja, somente 100% de dedicação serão aceitos!

Certa vez, algo transformador aconteceu comigo ao ouvir esse versículo. Em 2018, quando tive um encontro com Jesus no *Uber* em São Francisco, nos Estados Unidos, o motorista leu esse versículo para mim e me deu um exemplo do qual eu jamais vou me esquecer. Ele disse: "Vamos supor que nós namoramos, e que eu pedi você em casamento. Então, no dia do nosso casamento, falo assim para você: 'Djessi, o ano tem 365 dias. Em 364 dos dias desse ano, prometo ser fiel a você, mas por um dia, apenas um ÚNICO dia, quero fazer tudo que eu desejar. Então, posso sair para uma festa e ficar com outra mulher? Será apenas um dia! O que é um dia se compararmos aos outros 364 de fidelidade plena?'"

Como se não bastasse ter de refletir sobre aquela suposição, aquele homem ainda me perguntou: "O que você responderia? Qual seria a sua atitude?". No mesmo instante, eu disse: "Eu falaria: 'Suma daqui. Não quero ver você nem pintado de ouro na minha frente'". Em seguida, o motorista finalizou: "É assim que você tem agido com Deus! Você o busca somente quando precisa, apenas quando é conveniente. Esse é o motivo de você não o encontrar. Você o encontrará quando o buscar de todo o seu coração!".

Eu nunca mais me esqueci disso. Fui profundamente marcada por aquelas palavras. Espero que elas se tornem um momento de transformação para você também. E, ainda hoje, busque o Senhor, o seu Deus, de todo o seu coração. Amém?

DOWNLOAD DO CÉU
O que Deus falou com você por meio do devocional de hoje?

_____
_____
_____
_____

AÇÃO DO DIA

Durante o dia, se perceber que algo está sendo difícil de entregar ao Senhor, pare um momento e faça uma oração simples: "Senhor, essa área da minha vida é Tua, ajuda-me a entregá-la completamente". Essa pequena oração pode ser feita a qualquer momento e traz uma sensação de paz imediata, lembrando que Deus está no controle de todas as áreas da sua vida.

DICA DA DJESSI

Lembre-se de que a verdadeira liberdade está em confiar plenamente em Deus. Sempre que sentir dificuldade em entregar algo a Ele, coloque a mão sobre o peito por alguns segundos, respire fundo e repita baixinho: "É Teu." Entregar é um exercício e quanto mais você pratica, mais leve a jornada fica.

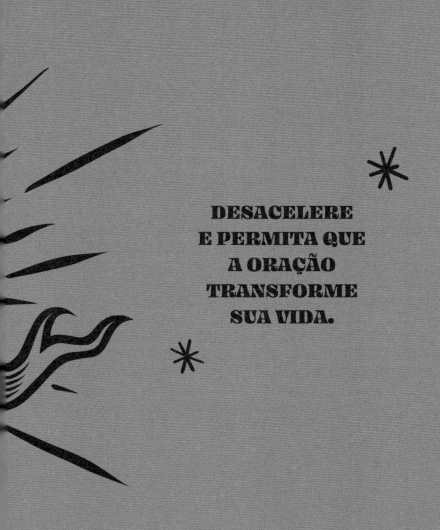

Dia 31 __/__/__

CORPO > ATIVIDADE FÍSICA

Assim, quer vocês comam, quer bebam, quer façam qualquer outra coisa, façam tudo para a glória de Deus. (1Coríntios 10:31)

Movendo-se para a Glória de Deus!

O texto do apóstolo Paulo para os cristãos coríntios selecionado para a leitura de hoje nos fala sobre glorificar a Deus com tudo o que fizermos, o que significa que fazer atividades físicas pode ser uma maneira de honrar a Deus. Vamos refletir sobre isso juntas.

Quando nos exercitamos, cuidamos do corpo que Deus nos deu. Ele criou e confiou a nós essa incrível máquina, e é nossa responsabilidade cuidar dele da melhor forma possível. A Bíblia nos lembra de que nosso corpo é o templo do Espírito Santo (1Coríntios 6:19-20); então, tomar os devidos cuidados com ele nos leva a glorificar ao Senhor.

Anteriormente, o profeta Jeremias nos ensinou que devemos buscar a Deus de todo o coração. Da mesma forma, também devemos cuidar do nosso corpo com a mesma dedicação, pois ele é templo do Espírito Santo. A busca por uma vida ativa e saudável não está relacionada apenas a fazer exercícios por conveniência, mas, sim, a dedicar-nos de todo o coração a cuidar do templo do Espírito Santo entregue a nós pelo próprio Deus.

Nós temos a consciência coletiva de que precisamos administrar corretamente os alimentos e as atividades físicas para termos saúde. Ainda assim, nem sempre colocamos essas prerrogativas em prática. Não basta saber o que fazer, temos de escolher viver conforme o que acreditamos apesar dos custos que isso implique.

Muitas vezes, não nos damos conta de que o exercício pode ser uma forma de adoração. Só quando decidi dedicar mais tempo à minha saúde e comecei a praticar exercícios regularmente, percebi que não fazia essas atividades apenas por mim, mas também como uma forma de adorar a Deus. Cada movimento, cada esforço, tornou-se uma maneira de agradecer ao Senhor pelo corpo que ele me deu.

Hoje é o dia ideal para refletirmos sobre como podemos honrar Deus por meio da atividade física, a fim de conquistar mais do que apenas a saúde do corpo, para alcançar saúde espiritual, mediante a dedicação de todo o nosso coração ao Senhor.

DOWNLOAD DO CÉU

O que Deus falou com você por meio do devocional de hoje?

_____

_____

_____

_____

AÇÃO DO DIA

Faça uma caminhada, corrida ou outra atividade física. Durante o exercício, pare por um minuto para respirar fundo, fechar os olhos e agradecer a Deus pelo seu corpo e saúde. Peça disciplina para manter a frequência e o entendimento de que cuidar do corpo também é uma forma de se relacionar com Ele.

DICA DA DJESSI

Antes de começar seu exercício, escolha uma frase ou versículo para repetir mentalmente durante a atividade. Isso vai ajudar a transformar esse momento em um tempo de conexão com Deus.

A diferença entre a verdade que você sabe e a que vive é a dor que experimenta.

Craig Groeschel

Dia 32 _/_/_

ALMA > IDENTIDADE

 Nós somos seus filhos, e por isso receberemos as bênçãos que ele guarda para o seu povo, e também receberemos com Cristo aquilo que Deus tem guardado para ele. Porque, se tomamos parte nos sofrimentos de Cristo, também tomaremos parte na sua glória. (Romanos 8:17, NTLH)

Você é filha de Deus e co-herdeira com Cristo!

Alguma vez, você já parou para pensar sobre a sua IDENTIDADE em Cristo? O texto de Romanos 8:17 nos lembra de que, como filhas de Deus, somos herdeiras da glória juntamente com Cristo e participamos de seus sofrimentos. Isso significa, acima de qualquer coisa, que temos uma identidade valiosa e única.

Assim como Deus nos convida a buscá-lo de todo o coração, Ele também nos convida a viver plenamente nossa identidade em Cristo. Somos filhas amadas do Criador do Universo, temos pleno acesso ao Pai Celeste e somos chamadas a viver a eternidade ao lado do nosso Senhor e Salvador Jesus Cristo.

Muitas vezes, permitimos que outras pessoas ou situações definam quem somos, entre elas: nossa aparência, nossas realizações, a opinião alheia, os desejos que cultivamos, as frustrações que vivenciamos etc. A verdadeira essência da nossa identidade, no entanto, está em sermos filhas de Deus e co-herdeiras com Cristo. Nada é capaz de mudar essa realidade.

Descobrir minha identidade em Cristo mudou completamente minha vida. Hoje eu sei que nada do que eu vivo tem relação com minhas ações e conquistas, mas com a minha certeza de ser filha amada de Deus.

"Que honra maior nos poderia ser atribuída do que a de nossa fé em Cristo nos conferir o direito de sermos chamados seus irmãos e co-herdeiros"*. O versículo que lemos hoje reforça essas palavras ditas por Martinho Lutero.

Temos, neste momento, a oportunidade de refletir sobre a nossa IDENTIDADE em Cristo, bem como de viver de acordo com a verdade que ela nos concede. Vamos buscar o Senhor, nosso Deus, de todo o coração e reconhecer a nossa herança como filhas de Deus.

DOWNLOAD DO CÉU

O que Deus falou com você por meio do devocional de hoje?

_____

_____

_____

_____

AÇÃO DO DIA

Faça uma lista contendo trinta afirmações positivas sobre você. Deixo aqui alguns exemplos: eu sou disciplinada; eu sou feliz; eu sou determinada etc. Em seguida, grave um áudio no celular com suas afirmações e, ao ouvi-lo, repita cada frase em voz alta, olhando para si mesma no espelho. Faça isso durante trinta dias e perceba a diferença na sua mentalidade.

DICA DA DJESSI

Para tornar esse exercício ainda mais poderoso, escolha uma das suas afirmações favoritas e escreva-a em um *post-it* ou papel. Coloque em um lugar visível, como no espelho ou na tela do computador. Sempre que olhar para ela, pare por alguns segundos, respire fundo e declare essa verdade sobre você em voz alta. Pequenos lembretes diários ajudam a fortalecer sua identidade em Cristo!

---

*LUTERO, Martinho. Palavras. *Portal Luteranos*. [s. d.]. Disponível em: https://bit.ly/MartinhoLuteroPalavras. Acesso em: 15 abr. 2025.

Dia 33 _/_/_

 ESPÍRITO > BÍBLIA

 Como eu amo a tua lei! Penso nela o dia todo. O teu mandamento está sempre comigo e faz com que eu seja mais sábio do que os meus inimigos. Eu entendo mais do que todos os meus professores porque medito nos teus ensinamentos. Tenho mais sabedoria do que os velhos porque obedeço aos teus mandamentos. (Salmos 119:97–100, NTLH)

A Palavra que transforma

A Bíblia não é apenas um livro, mas uma fonte de vida. Quando meditamos na Palavra, encontramos direção e sabedoria para cada situação do dia a dia. Ela oferece princípios e ensinamentos atemporais, capazes de nos guiar em nossas decisões e de nos ajudar a viver de maneira que honre a Deus e beneficie as pessoas ao nosso redor. Quando enfrentamos desafios e dilemas, a Palavra do Senhor é a nossa bússola. Mais do que um simples texto antigo, é uma expressão viva do amor de Deus por nós.

A sabedoria encontrada na Bíblia é inigualável, e ao guardarmos seus mandamentos em nosso coração, adquirimos uma visão mais clara do mundo. O salmista afirma que essa sabedoria nos torna mais sábios do que nossos inimigos, pois meditar na Palavra nos orienta nas decisões difíceis e nos dá a força espiritual necessária para nos protegermos das armadilhas e dos enganos.

Estudar as Escrituras, muito além de nos proporcionar sabedoria, também nos ajuda a alcançar uma compreensão mais profunda dos ensinamentos de Deus. Esse entendimento é transformador. À medida que refletimos sobre os testemunhos contidos na Palavra, desenvolvemos uma visão mais clara da vida, do nosso propósito e do nosso destino.

Agora, temos a oportunidade de recordar os mestres que influenciaram nossa vida — sejam eles professores, mentores ou livros inspiradores. Depois, podemos refletir sobre como a Bíblia nos oferece uma compreensão que nenhuma sabedoria humana pode oferecer. Dessa forma, podemos usá-la como guia em meio às vozes contraditórias do mundo.

Para cultivar o amor genuíno pelas Escrituras, é essencial estabelecer um momento diário consistente para ler um trecho da Bíblia e meditar nele, a fim de que a sabedoria e a compreensão penetrem em nosso ser, orientando nossas ações e decisões. Depois de meditar na Palavra de Deus, lembre-se de que ela está sempre conosco. Ela é uma fonte inesgotável de amor, sabedoria e compreensão, e suas verdades direcionam nossos dias, nossas decisões e nossos relacionamentos. Enquanto medita na fonte de todo o conhecimento, pupila, sinta a paz que vem do amor pela Palavra e leve essa paz consigo ao longo do dia.

DOWNLOAD DO CÉU

O que Deus falou com você por meio do devocional de hoje?

_____

_____

_____

_____

AÇÃO DO DIA

Feche os olhos e pense no seu versículo favorito. Anote-o em seu diário da jornada e repita-o três vezes em voz alta. Depois, reflita: como ele pode se aplicar ao seu dia de hoje? Escreva uma pequena frase com essa mensagem.

DICA DA DJESSI

Defina um alarme no seu celular para tocar em três momentos do dia. Cada vez que ele tocar, repita o versículo em voz alta e medite sobre ele por alguns segundos.

Dia 34 __/__/__

 CORPO > ALIMENTAÇÃO

 Então, Jesus declarou: "Eu sou o pão da vida. Aquele que vem a mim nunca terá fome; aquele que crê em mim nunca terá sede". (João 6:35)

O pão da vida: nutrição para o corpo e a alma

O versículo da leitura de hoje tem um significado espiritual e teológico muito rico, pois reflete a profundidade da promessa de Jesus a seus seguidores. O próprio Cristo se identifica como "o pão da vida", uma metáfora que transcende o alimento físico. No contexto do Evangelho de João, Jesus havia acabado de realizar o milagre da multiplicação dos pães e peixes para alimentar uma grande multidão. Esse evento miraculoso atendeu às necessidades físicas daquele grupo e serviu como símbolo do alimento espiritual que Cristo nos oferece.

Ao declarar-se o pão da vida, o Senhor revela o quão essencial ele é para a vida espiritual da humanidade, assim como o pão é essencial para a vida física. Na cultura judaica e em muitas outras, é um alimento básico, fundamental e diário, o que nos leva a compreender que Jesus é indispensável na rotina humana para uma vida espiritual plena e satisfatória.

As promessas de Jesus ("aquele que vem a mim nunca terá fome" e "aquele que crê em mim nunca terá sede") apontam para a satisfação e a suficiência que podemos encontrar nele, relacionadas à plenitude tanto espiritual como emocional. Enquanto muitas pessoas buscam preencher sua vida com o que é passageiro e insatisfatório, Jesus nos oferece uma solução duradoura e eterna.

A fé em Jesus é importante e demanda ação e resposta. Reconhecer Jesus como figura histórica ou mestre espiritual não é suficiente, precisamos ter um relacionamento diário com nosso Senhor e confiar nele como fonte de orientação, sustento e propósito. Somos desafiadas a refletir sobre a satisfação e o significado da nossa vida, sem tentar preenchê-la com coisas materiais, relacionamentos ou conquistas pessoais. No entanto, Jesus nos lembra que só ele pode saciar nossa fome e sede espirituais completamente.

Quando Jesus se apresenta como o pão da vida, ele nos convida a ter comunhão com ele, a viver de acordo com seus ensinamentos, a seguir seus passos e a permitir que sua presença transforme nossa vida de dentro para fora. Chegou o momento de termos intimidade profunda e contínua com Cristo, pois somente ele nutre o nosso espírito e nos capacita a viver em plenitude e abundância.

Fé, confiança e comunhão. Jesus nos oferece satisfação espiritual, propósito, mediante a fonte verdadeira e eterna de nossa vida. Vamos nos alimentar dele?

DOWNLOAD DO CÉU

O que Deus falou com você por meio do devocional de hoje?

_____

_____

_____

_____

AÇÃO DO DIA

Tenha em mente uma nova forma de enxergar aquilo do que você se alimenta. Tanto física como espiritualmente, somos nutridas por tudo aquilo que ingerimos. Por isso, a partir de hoje, não se esqueça de orar antes das refeições, lembrando-se da provisão de Deus, mas também da sua suficiência espiritual em nós.

DICA DA DJESSI

Crie o hábito de orar antes de cada refeição, mas vá além: ao agradecer pelo alimento físico, reflita também sobre o que tem nutrido sua alma. Pergunte-se: "Tenho me alimentado da Palavra de Deus diariamente?". Que essa prática te lembre de buscar sempre o sustento espiritual em Cristo!

Jesus é o pão da vida: a única fonte capaz de saciar a fome da alma e a sede do coração.

Dia 35 _/_/_

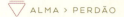 ALMA > PERDÃO

 Sejam bondosos e compassivos uns para com os outros, perdoando-se mutuamente, como Deus os perdoou em Cristo. (Efésios 4:32)

O poder transformador do perdão

Que palavra maravilhosa o texto de hoje nos apresenta! Nesse versículo está o chamado cristão para uma vida de bondade, misericórdia e perdão, refletindo o amor e a graça que Deus nos concedeu por intermédio de Jesus.

A bondade mencionada em Efésios 4:32 é uma virtude ativa e intencional. Ser bondoso envolve tratar o próximo com gentileza e consideração, ainda que não seja merecido ou esperado. No tempo em que vivemos como sociedade, a dureza e a indiferença muitas vezes prevalecem, mas a bondade é um testemunho poderoso do caráter de Deus em nossa vida. Querida pupila, quando praticamos a bondade, valorizamos e respeitamos a dignidade humana, seguindo o exemplo de como Jesus tratou as pessoas durante seu ministério terreno.

Agir com misericórdia vai além de ser apenas uma pessoa boa; isso exige ter um coração compassivo, inclinado a aliviar o sofrimento e a dor dos outros. Ser misericordioso significa reconhecer a fragilidade humana e se dispor a oferecer ajuda e consolo.

A Bíblia descreve Deus como "rico em misericórdia" (Efésios 2:4). Isso nos chama a refletir essa característica divina em nossas interações. Demonstrar misericórdia exige disposição para perdoar ofensas, suportar fraquezas e oferecer ajuda prática ao necessitado. O perdão, nesse sentido, talvez seja a expressão mais profunda de bondade e compaixão.

Perdoar significa liberar-se do ressentimento e oferecer uma nova chance, assim como Deus fez conosco em Cristo. O perdão é um ato de LIBERTAÇÃO tanto para quem perdoa como para quem é perdoado, pois o rancor pode envenenar o coração e destruir relacionamentos. Perdoar abre caminho para a cura e a reconciliação. Jesus nos ensinou: "Perdoa-nos as nossas dívidas, assim como nós perdoamos os nossos devedores" (Mateus 6:12), mostrando que o perdão que recebemos de Deus está completamente ligado ao que oferecemos ao próximo.

O trecho mais importante do versículo é "como Deus os perdoou em Cristo", o qual revela o padrão e a motivação para nossa bondade, misericórdia e perdão. O Senhor nos perdoou de modo completo e incondicional com o sacrifício de Jesus, que é a base da nossa capacidade e disposição para conceder perdão ao próximo. Você compreende que o perdão divino deve nos encher de gratidão e nos inspirar a estender perdão aos outros?

DOWNLOAD DO CÉU

O que Deus falou com você por meio do devocional de hoje?

_____
_____
_____
_____

AÇÃO DO DIA

Existe algo ou alguém que você precisa perdoar? Se sim, **decida** fazer isso! Escolha misericórdia, não a justiça humana. Escreva em um papel o nome da pessoa que você precisa perdoar ou do sentimento que deseja liberar. Ore pedindo a Deus que te ajude nesse processo e, ao final, rasgue ou descarte o papel, simbolizando sua decisão de deixar ir.

DICA DA DJESSI

O perdão é um exercício diário, quanto mais o praticamos, mais disposição temos em fazê-lo. Ao longo do dia, sempre que um pensamento de mágoa surgir, respire fundo e diga: "Senhor, eu escolho perdoar, assim como fui perdoada". Muito em breve, liberar perdão será uma constante em sua vida!

O perdão restaura o padrão.
O perdão é o caminho do amor.

Dia 36 __/__/__

 Vá reunir todos os judeus que estão em Susã, e jejuem em meu favor. Não comam nem bebam durante três dias e três noites. Eu e minhas criadas jejuaremos como vocês. Depois disso irei ao rei, ainda que seja contra a lei. Se eu tiver que morrer, morrerei. (Ester 4:16)

Crescer em Cristo

A história de Ester é um testemunho poderoso de coragem, fé e dependência de Deus em tempo de perigo. A jovem judia que se tornou rainha da Pérsia enfrentou uma crise existencial quando um decreto ordenou a aniquilação dos judeus. Em resposta, Ester convocou a comunidade judaica em Susã a um jejum de três dias, inclusive suas criadas. ==Abster-se de comida e bebida é reconhecer que a força e a salvação estão além da capacidade humana, pois vêm do Senhor,== tanto no tempo da rainha Ester quanto nos dias de hoje. A convocação de Ester destaca o poder da oração e do jejum coletivo. Querida pupila, quando mulheres cristãs se unem nesse propósito, a comunidade é fortalecida e o poder espiritual coletivo é aumentado.

Ester jejuou antes de se arriscar a entrar na presença do rei sem ser chamada, o que poderia resultar em sua morte. Jejuar antes de tomar grandes decisões prepara o espírito, traz clareza e alinha nosso coração com a vontade de Deus!

O jejum fortalece a nossa conexão com Deus. Quando abrimos mão de prazeres físicos, o espírito se fortifica e nos torna sensíveis à voz e à orientação de Deus. Outro ponto positivo é a pausa necessária no ritmo frenético do cotidiano, a fim de refletir, meditar na Palavra e renovar a mente e as emoções. Muitas de nós enfrentam batalhas emocionais, espirituais ou físicas. Nesse cenário, o jejum pode ser um meio poderoso em prol da libertação e da cura; diversos testemunhos e relatos bíblicos apresentam resultados miraculosos e transformações profundas como resultado dessa dedicação ao Senhor.

Disciplina e autocontrole são virtudes cristãs essenciais que podem ser cultivadas com o jejum. Elas nos fortalecem e nos capacitam a negar nossos desejos e resistir a tentações. Como Ester, é importante definirmos um propósito para o jejum: orientação divina, intercessão, crescimento espiritual, dedicação a Deus etc. A rainha também nos ensinou a realizar essa prática de maneira coletiva. Fique atenta ao que Deus lhe mostrar nesse período; clareza, consolo e novas perspectivas sobre o que você está enfrentando são exemplos do que pode acontecer.

As filhas de Deus podem encontrar no jejum uma fonte que as remete à dependência de Deus e as prepara para enfrentar os desafios com fé e coragem nos dias de hoje. Que tal experimentarmos a presença e o poder de Deus de maneira profunda e transformadora?

DOWNLOAD DO CÉU

O que Deus falou com você por meio do devocional de hoje?

_____
_____
_____
_____

AÇÃO DO DIA

Experimente jejuar durante um período adequado para você: pode ser uma manhã, a abstinência de uma refeição ou, se sentir que está pronta, algo mais longo, como dezoito horas. Durante esse tempo, dedique-se à oração e à leitura da Bíblia, pedindo a Deus clareza e fortalecimento espiritual. Ao final, anote em seu diário as reflexões e respostas que perceber, além dos benefícios fisiológicos.

DICA DA DJESSI

Antes de iniciar o jejum, defina um propósito claro e um versículo para meditar ao longo do período. Sempre que sentir fome ou desconforto, volte-se para a Palavra e transforme esse momento em oração. Se tiver pouca experiência com jejum, comece aos poucos e perceba como seu corpo e espírito reagem.

Dia 37 _/_/_

 CORPO > ATIVIDADE FÍSICA

 Trabalhe seis dias, mas descanse no sétimo; descanse tanto na época de arar como na da colheita. (Êxodo 34:21)

Trabalhar, cuidar e descansar: equilibre-se

Deus ordena a seu povo que trabalhe seis dias e descanse no sétimo. O descanso é parte essencial do ritmo de vida estabelecido por Deus e foi ordenado porque o Senhor reconhece a necessidade humana de renovação física, mental e espiritual. Mesmo nos períodos em que estamos mais ocupadas e sobrecarregadas, com trabalho intenso e pouco tempo disponível, Deus deseja que descansemos. Nossa eficiência e produtividade dependem mais da nossa capacidade de parar, descansar e renovar forças do que do nosso trabalho incessante.

Muitas vezes somos pressionadas a trabalhar constantemente, em um ciclo interminável de atividades e obrigações. No entanto, ignorar a necessidade de descanso pode levar ao esgotamento, ao estresse e a problemas de saúde física e mental. O mandamento de descansar no sétimo dia é um lembrete poderoso de que precisamos respeitar nossos limites, saúde e bem-estar.

O descanso também é um fator importante para nossa conexão com Deus, porque nos permite refletir sobre a vida, agradecer pelas bênçãos recebidas e buscar orientação divina. Muito além de uma pausa física, descansar é uma renovação espiritual, pois, ao repousarmos na presença de Deus, temos nossa fé restaurada e obtemos paz e clareza para enfrentar os desafios da vida.

Dispor de um tempo para descansar é um sinal de confiança em Deus e total dependência Dele, essa é uma forma de admitirmos que não temos o controle de tudo, mas Ele tem. Confiamos que o Senhor proverá para nós e cuidará das nossas necessidades quando paramos de trabalhar. Pensando nisso, é essencial que incorporemos o princípio do descanso à nossa rotina de maneira regular, estabelecendo um dia específico para ser o nosso dia sabático, bem como garantir sono diário adequado para mantermos a saúde e o bem-estar com momentos de pausa e relaxamento.

O descanso é um presente divino, uma oportunidade para renovar nossas forças, fortalecer nossa fé e encontrar equilíbrio em meio às demandas da vida moderna. Ao abraçar o descanso como uma prática regular, honramos a Deus e cuidamos de nós mesmas, e isso nos ajuda a viver com mais saúde, produtividade e plenitude.

DOWNLOAD DO CÉU

O que Deus falou com você por meio do devocional de hoje?

_____

_____

_____

_____

AÇÃO DO DIA

Defina um dia fixo da semana para descanso e planeje algo especial para esse momento. Pode ser um horário no salão de beleza, um momento de lazer ou um tempo de oração sem pressa. Honre esse compromisso com você mesma e com Deus. Durante alguns minutos, faça uma oração de entrega das suas tarefas ao Senhor e peça a Ele por sabedoria para desfrutar adequadamente seu tempo sabático.

DICA DA DJESSI

Tire dez minutos do seu dia para simplesmente parar e respirar fundo. Desconecte-se do celular, feche os olhos e entregue a Deus todas as preocupações. O descanso começa na mente antes mesmo do corpo.

Dia 38 _/_/_

ALMA > GRATIDÃO

Tu criaste o íntimo do meu ser e me teceste no ventre da minha mãe. Eu te louvo porque me fizeste de modo assombroso e admirável.
(Salmos 139:13–14)

Louve a Deus por tê-la criado

Os versos 13 e 14 do salmo 139 nos convidam a uma profunda reflexão sobre a gratidão e o reconhecimento da obra divina em nossa vida, desde a nossa concepção. A declaração "Tu criaste o íntimo do meu ser e me teceste no ventre de minha mãe" revela a complexidade e a maravilha da nossa criação como seres únicos e especiais. Fomos cuidadosamente planejadas e tecidas por Deus antes mesmo de nascermos.

A beleza desses versículos reside na revelação da intimidade com que Deus conhece cada uma de nós. Se meditarmos nessas palavras, perceberemos que não somos meras obras do acaso. O Pai Celeste nos criou de forma intencional e nos ama como filhas. Cada célula do nosso corpo, cada traço de nossa personalidade, cada potencialidade que nos distingue foi moldada com propósito e cuidado, e tudo isso é um convite para reconhecermos nossa singularidade e a valorizarmos como um presente do Criador.

Expressar gratidão pela criação inclui louvar a Deus, assim como fez o salmista ao declarar: "Eu te louvo porque me fizeste de modo assombroso e admirável". Louvar não se limita ao ato de se expressar em palavras, mas reconhecer com profundidade nosso valor intrínseco e nossa importância no plano divino. Deus, por nos conhecer intimamente, sabe quais são nossas fraquezas e fortalezas, e apesar delas, nos ama de maneira incondicional.

Muitas vezes, o mundo tenta nos moldar aos padrões externos e superficiais, mas o salmo nos lembra de que nossa verdadeira identidade e nosso valor vêm de Deus. Somos obra das mãos divinas, fomos criadas com propósito e dignidade que transcendem qualquer definição terrena. Agradecer ao Senhor por essa criação também é um ato de aceitação e amor próprio, pois reconhecemos ter sido feitas à imagem e semelhança do Criador.

Precisamos ser humildes e gratas: humildes para reconhecer a grandeza do trabalho perfeito do Criador ao nos formar e gratas por sermos vistas, conhecidas e amadas pelo Pai Celestial desde quando estávamos no ventre materno. É essa gratidão que nos motiva a honrar a Deus com nossa vida e testemunhar seu amor e cuidado.

Agradeça e louve a Deus por tê-la criado de modo tão assombroso e admirável. Que essa consciência inspire você a viver com plena gratidão.

DOWNLOAD DO CÉU

O que Deus falou com você por meio do devocional de hoje?

_____

_____

_____

_____

AÇÃO DO DIA

DICA DA DJESSI

Ao longo do dia, sempre que algo positivo acontecer, mesmo que pequeno, diga em voz alta: "Obrigada, Senhor!". Anote em seu diário da jornada cinco motivos específicos pelos quais você é grata hoje e ore agradecendo por cada um deles.

Crie um "Pote da Gratidão". Pegue um pote ou frasco e, todos os dias, escreva algo pelo qual é grata e coloque dentro dele. Sempre que sentir desânimo, abra e releia as bênçãos que Deus tem derramado sobre sua vida.

carregamos em nós a marca do seu amor e da sua perfeição.

Dia 39 _/_/_

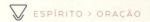 ESPÍRITO > ORAÇÃO

 Portanto, confessem os seus pecados uns aos outros e orem uns pelos outros para serem curados. A oração de um justo é poderosa e eficaz. (Tiago 5:16)

O poder da oração compartilhada: você não está sozinha!

O texto de Tiago 5:16 é bastante conhecido. Ainda assim, é importante destrinchá-lo para entender o que ele realmente significa.

Se uma pessoa está tão prostrada a ponto de não conseguir agir sozinha, a fé e o amor de seus amigos podem fazer toda a diferença. A Bíblia cita uma ocasião em que quatro amigos carregaram um homem até Jesus. Dispostos a enfrentar os obstáculos físicos e sociais, os amigos conseguiram colocar o homem diante daquele que era a fonte da cura e salvação:

> Então muita gente se reuniu ali, de forma que não havia lugar nem junto à porta; e ele lhes pregava a palavra. Vieram alguns homens, trazendo-lhe um paralítico, carregado por quatro deles. Não podendo levá-lo até Jesus, por causa da multidão, removeram parte da cobertura do lugar onde Jesus estava e, através de uma abertura no teto, baixaram a maca em que estava deitado o paralítico. Vendo a fé que eles tinham, Jesus disse ao paralítico: "Filho, os seus pecados estão perdoados" (Marcos 2:2-5).

É fundamental refletirmos sobre a importância de exercitar a disciplina espiritual da **confissão**. Muitas vezes, não queremos compartilhar nossos erros, seja por vergonha, seja pelo receio de sermos julgadas. Contudo, há poder na confissão, no arrependimento e na vida em comunhão.

A confissão nos mostra que não precisamos, nem devemos, sofrer sozinhas. Você não foi chamada para enfrentar suas dores, seus medos, seus traumas e suas tentações sozinha. O corpo de Cristo — a Igreja, a reunião de todos os que creram, creem e crerão — não é um lugar físico. Nós somos o corpo, você e eu, unidas em oração em qualquer lugar. Bastam dois ou três reunidos no nome de Jesus para ele se fazer presente e ali ser Igreja. Eu já orei com amigas no carro, no banheiro de restaurante, no avião e em muitos outros lugares e estou certa de que Jesus sempre esteve ali.

Confesse a uma pessoa de sua confiança. Orem juntos e experimentem o poder e a eficácia da confissão.

DOWNLOAD DO CÉU

O que Deus falou com você por meio do devocional de hoje?

___

___

___

___

AÇÃO DO DIA

Feche os olhos e peça ao Espírito Santo para revelar algum pecado que tem atormentado sua vida ou uma área em que você se sente vulnerável. Após identificar o que precisa ser confessado ou entregue, escreva sobre isso em seu diário da jornada. Depois, ore e peça ao Espírito Santo uma direção para compartilhar com alguém de confiança.

DICA DA DJESSI

Se confessar algo a alguém ainda for um passo difícil, comece escrevendo. Anote o que deseja entregar a Deus e, quando sentir paz, busque alguém de confiança para compartilhar e orar junto com você.

Dia 40 _/_/_

 CORPO > ATIVIDADE FÍSICA

 [A mulher virtuosa] entrega-se com vontade ao seu trabalho; os seus braços são fortes e vigorosos. (Provérbios 31:17)

Fortaleça seu corpo e sua fé!

Pupila, repita em voz alta: "Os braços da mulher virtuosa, aquela que a Bíblia descreve como exemplar e em quem todas nós nos espelhamos, são fortes e vigorosos!".

O versículo destaca que a mulher virtuosa, ou seja, a mulher ideal, é forte. Isso nos leva a refletir: "Como podemos nos tornar fortes como a Bíblia demonstra que a mulher ideal é?".

Nosso fortalecimento vem de tudo aquilo que buscamos para nos nutrir, desde uma perspectiva espiritual, criando um relacionamento com Deus, nos alimentando da palavra, até uma perspectiva fisiológica, em que nos preocupamos com os tipos de alimentos que consumimos e a forma como cuidamos do nosso corpo.

Ao buscarmos equilíbrio entre cuidar de nossa saúde física e alimentar nossa vida espiritual, estamos construindo uma força que vai além do que podemos ver. Cada passo no cuidado com o corpo reflete também a dedicação que temos ao nosso crescimento interior, alinhando nosso ser com o propósito que Deus tem para nós.

Nesse sentido, a alimentação, a atividade física e um bom ciclo de sono são três pilares fundamentais para manutenção da nossa saúde física.

Estamos próximas de entrar no último nível da nossa jornada. Para tanto, nosso corpo precisa fazer mais do que movimentos cotidianos, a exemplo das caminhadas, como eu propus até este momento. Agora precisamos desenvolver músculos, e isso inclui atividades de força na rotina.

Para ajudar você a incorporar esse hábito ao seu dia a dia, escolha algo que te dê prazer em realizar! Iniciar a prática de exercícios não é fácil, mas se aproximar de atividades prazerosas é um ótimo começo. Atividades como natação, pilates, musculação, esportes em geral te ajudarão a ter mais controle sobre seu corpo e desenvolver o fortalecimento muscular necessário! Escolha um e força, pupila!

DOWNLOAD DO CÉU

O que Deus falou com você por meio do devocional de hoje?

_____

_____

_____

_____

AÇÃO DO DIA

Escolha alguma atividade de força que te interesse ou que imagine que vá se adaptar e agende para fazer uma aula-teste. Se possível, faça isso ainda hoje.

DICA DA DJESSI

Para tornar o processo mais motivador, chame uma amiga para te acompanhar em sua aula-teste. Outra dica é, depois da aula, anotar como se sentiu e o que gostou na atividade. Isso pode ajudá-la a encontrar um exercício que realmente te traga prazer e saúde.

Os braços da mulher virtuosa são fortes; os seus também podem ser.

QUEM QUER DÁ UM JEITO.

QUEM NÃO QUER ARRUMA UMA ~~DESCULPA.~~

Dia 41 _/_/_

 MENTE › IDENTIDADE

 Vocês, porém, são geração eleita, reino de sacerdotes, nação santa, povo que pertence a Deus, para anunciar as grandezas daquele que os chamou das trevas para a sua maravilhosa luz. (1Pedro 2:9)

Quem Deus nos fez para ser?

Você consegue entender quem você **é** sem se preocupar com quem você precisa **se tornar**? O texto de 1Pedro 2:9 deixa clara a resposta: você já é geração santa, povo exclusivo de Deus!

Talvez você esteja questionando se isso é para seu próprio bem, mas eu lhe digo que não é! De modo algum! O apóstolo Pedro descreve perfeitamente nessa passagem que a intenção é "anunciar as grandezas daquele que os chamou das trevas para a sua maravilhosa luz": Jesus!

Vamos entender melhor a revelação que esse texto traz para nós ao observarmos com cuidado algumas nomenclaturas:

- **Geração eleita:** refere-se a nós, cristãos, como um povo escolhido por Deus, pois os seguidores de Cristo são considerados especiais e têm propósito divino.

- **Sacerdócio real:** a ideia sugere que temos acesso direto a Deus e somos chamados para servi-lo como os sacerdotes faziam; ou seja, devemos representar Deus e interceder por outros. Isso é forte, não é mesmo?

- **Nação santa:** indica que, como seguidores de Cristo, somos separados para uma vida íntegra e pura, que reflete a santidade de Deus em nossas ações e em nossos comportamentos.

- **Povo exclusivo de Deus:** enfatiza que pertencemos a Deus de maneira única e especial, sendo identificados pela fé e pela relação íntima que temos com ele.

- **Anunciar as grandezas:** mostra o propósito de sermos geração eleita, sacerdócio real e nação santa; sugere que temos a missão de compartilhar o evangelho, testemunhar a bondade e a graça de Deus e levar outros a conhecerem a luz de Cristo.

- **Das trevas para a luz:** simboliza transformação e redenção, pois "trevas" representam pecado, confusão e separação de Deus, enquanto "luz" simboliza verdade, salvação e proximidade com Deus; trata-se de um convite à mudança e à nova vida em Cristo.

Nossa identidade e missão cristã está enfatizada em 1Pedro 2:9, que nos chama a ser um povo especial e ativo no compartilhamento da mensagem de esperança e salvação, e a refletir a luz de Deus em vida e ação. Essa passagem nos encoraja a abraçar a nossa identidade em Cristo e viver de maneira que glorifique a Deus.

DOWNLOAD DO CÉU
O que Deus falou com você por meio do devocional de hoje?

___

___

___

 AÇÃO DO DIA

 DICA DA DJESSI

Escreva em um caderno um resumo do que aprendeu hoje sobre sua identidade em Cristo e, em seguida, envie uma mensagem de encorajamento para alguém, compartilhando uma verdade bíblica sobre quem somos em Deus.

Coloque um lembrete no celular com uma afirmação sobre sua identidade em Cristo. Leia essa frase em voz alta todos os dias ao acordar e antes de dormir, reforçando a verdade sobre quem você é.

Dia 42 _/_/_

ESPÍRITO > BÍBLIA

 [*Que todas estas palavras que hoje lhe ordeno estejam em seu coração.*] *Ensine-as com persistência a seus filhos. Fale sobre elas quando estiver sentado em casa e quando andar pelo caminho; quando se deitar e quando se levantar. Amarre-as como sinal nas mãos e prenda-as na testa.* (Deuteronômio 6:6–8)

Um passo a mais: aprofundando-se na Palavra

Convido você a fazer uma autoavaliação. Para ajudá-la nessa tarefa, fiz uma pequena lista de perguntas. Depois de ler cada uma delas, dedique dois minutos de seu tempo a uma reflexão, de tal modo que chegue a uma resposta:

- Você acredita que a Palavra de Deus está no seu coração? Por quê?
- Você ensina a Bíblia às pessoas mais próximas, como familiares, amigos e colegas de trabalho? De qual maneira?
- Você conversa sobre as Escrituras quando está em casa? Em quais ocasiões?
- Você compreende que o Senhor ordenou que realizasse as atividades anteriores, mas sabe que só é possível conversar ou ensinar a Palavra de Deus se a conhecermos de fato, certo?

Agora que você já refletiu acerca da importância de estudar a Bíblia e compartilhar seus ensinamentos com as pessoas próximas, a fim de tornar as Escrituras amplamente conhecidas, pode começar a anotar textos-chave que sejam úteis em diversas circunstâncias, como: medo, dor, luto, ansiedade, alegria, festa, aniversário, doença, provação, necessidade financeira, ajuda ao próximo etc. Memorizar e recitar trechos da Palavra ajudará você a colocar em prática o ensino persistente das Escrituras. Essa prática tem sido muito valiosa para mim, e acredito que será igualmente útil para você.

Eu estou muito feliz por ter você comigo nesses 42 dias de devocional, dedicada à Bíblia. Pupila, dedicar-se à leitura de maneira concentrada, como temos feito juntas, é essencial. Então, sinta-se feliz também, pois você está sendo constante. Mas — e você sabe que começar com essa palavra significa que há algo mais adiante —, quero desafiá-la a ir para o próximo nível, assim como fizemos com a atividade física. Convido você a ir além dos textos indicados por este devocional diário e começar a ler livros completos da Palavra. Que tal? Bora lá, você consegue!

DOWNLOAD DO CÉU

O que Deus falou com você por meio do devocional de hoje?

_____
_____
_____
_____

AÇÃO DO DIA

Escolha um livro da Bíblia para começar a ler um capítulo por dia. Anote insights e reflexões sobre cada leitura em seu diário da jornada para aprofundar sua compreensão.

DICA DA DJESSI

Alguns livros bíblicos que você pode escolher para iniciar sua leitura são: Ester, Tiago, 1Timóteo e Filipenses. Escolha um horário fixo do dia para sua leitura bíblica e avise alguém próximo sobre seu compromisso. Ter alguém para te incentivar pode ajudar a manter a constância.

roda da vida

Você ainda lembra por que começou, pupila? Você está mais forte do que imagina. Olhe para trás com orgulho e para frente com confiança.

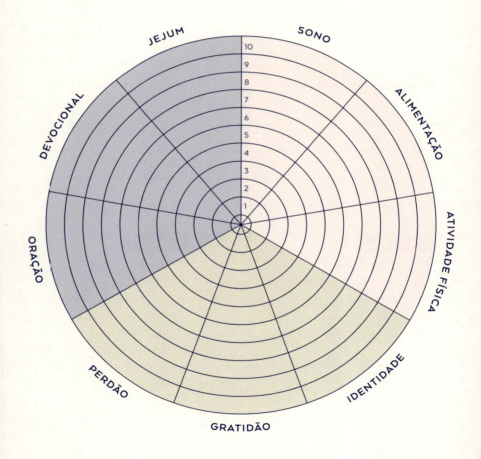

Passamos da metade da jornada. Uau! Mas talvez, com o passar dos dias, a motivação inicial tenha oscilado um pouco. E tudo bem, isso é mais comum do que você imagina.

A caminhada de fé nunca é linear. Deus usa esses momentos de desânimo para nos ensinar perseverança e confiança. Ele nos sustenta nos dias difíceis, nos guia nas encruzilhadas e nos fortalece na fraqueza.

Por isso, este é um bom momento para relembrar os propósitos que te moveram no início. O que te trouxe até aqui? O que o Espírito Santo já te revelou? Que áreas ainda pedem mais presença, mais entrega, mais foco?

- Escreva seu "porquê" de novo. Ainda é o mesmo?
  _____
- Qual versículo mais falou com você até aqui?
  _____
- Há alguma área da roda que ainda precisa de mais intencionalidade? O que você pode fazer a respeito?
  _____

Pegue seu diário da jornada e desenvolva suas respostas e reflexões com sinceridade. Não se preocupe com "respostas certas", mas em ser honesta consigo mesma e diante de Deus. Às vezes, um pequeno ajuste de rota é tudo o que precisamos para chegar ao destino com propósito renovado.

Ainda faltam alguns passos, mas você já venceu o mais difícil: o comodismo. Continue firme, pois o que Deus começou, Ele vai completar.

O que te move é mais importante do que a velocidade. Reacenda seu porquê.

Dia 43 _/_/_

△ CORPO > ALIMENTAÇÃO

Pois a carne deseja o que é contra o Espírito; o Espírito o que é contra a carne. Eles estão em conflito um com o outro, de modo que vocês não fazem o que desejam. Todavia, se vocês são conduzidos pelo Espírito, não estão debaixo da lei. Ora, as obras da carne são manifestas: imoralidade sexual, impureza, devassidão, idolatria, feitiçaria, inimizades, desavenças, ciúmes, ira, egoísmo, dissensões, facções, inveja, embriaguez, orgias e coisas semelhantes a estas. Eu os advirto, como antes já os adverti: aqueles que praticam essas coisas não herdarão o reino de Deus. Entretanto, o fruto do Espírito é amor, alegria, paz, paciência, amabilidade, bondade, fidelidade, mansidão e domínio próprio. Contra essas coisas não há lei. Os que pertencem a Cristo Jesus crucificaram a carne com as suas paixões e o seus desejos. Já que vivemos no Espírito, andemos também pelo Espírito. Não sejamos presunçosos, provocando uns aos outros e tendo inveja uns dos outros. (Gálatas: 5:17-25)

Nutrindo o corpo e o espírito: escolha bem o que te alimenta

No trecho de Gálatas 5:17-25, o apóstolo Paulo nos ensina que nossas obras são o reflexo do que nutrimos dentro de nós. Se dedicamos tempo e esforço a algo, inevitavelmente produziremos frutos dessa dedicação. Isso vale tanto para o trabalho, onde buscamos excelência, quanto para a nossa vida espiritual. Aquilo que alimentamos determina o que produzimos: se cultivamos os valores de Deus, colheremos frutos que refletem Seu caráter; se nos entregamos às inclinações da carne, nossos atos refletirão essa escolha.

Paulo faz um alerta importante ao falar sobre as obras da carne, que representam ações e comportamentos que vão contra os princípios do

Espírito. A carne e o Espírito estão em constante conflito dentro de nós, disputando nossa atenção e decisões. A carne nos inclina a viver de acordo com nossos impulsos e desejos naturais, muitas vezes egoístas e destrutivos, enquanto o Espírito nos convida a uma vida transformada e guiada por Deus.

Dessa forma, vamos analisar alguns detalhes dos versículos da carta aos gálatas:

- **O conflito entre carne e espírito:** Paulo faz um alerta importante ao falar sobre as obras da carne, que representam ações e comportamentos que vão contra os princípios do Espírito. A carne e o Espírito estão em constante conflito dentro de nós, disputando nossa atenção e decisões. A carne nos inclina a viver de acordo com nossos impulsos e desejos naturais, muitas vezes egoístas e destrutivos, enquanto o Espírito nos convida a uma vida transformada e guiada por Deus.

- **O fruto do Espírito:** em oposição às obras da carne, Paulo apresenta o fruto do Espírito, que se manifesta na vida daqueles que vivem em sintonia com Deus. Amor, alegria, paz, paciência, amabilidade, bondade, fidelidade, mansidão e domínio próprio não são apenas virtudes isoladas, mas um conjunto de qualidades que refletem uma vida transformada por Cristo. Esses frutos são desenvolvidos à medida que nos aproximamos de Deus e permitimos que o Espírito Santo opere em nós.

- **Viver pelo Espírito:** Não basta apenas crer em Deus e receber a nova vida em Cristo; é essencial viver de acordo com essa transformação. Isso significa rejeitar comportamentos prejudiciais, evitar disputas e invejas, e buscar sempre a unidade e o amor entre os irmãos em Cristo. Para crescer espiritualmente, precisamos estar atentos ao que estamos nutrindo: estamos fortalecendo nossa carne ou alimentando nosso espírito?

A luta que o espírito trava contra nossa carne é diária. Por isso, é tão importante escolher diariamente o que vamos nutrir dentro de nós. Alimentar o espírito exige intencionalidade: tempo de qualidade com Deus, leitura da Palavra, oração sincera e comunhão com pessoas que também desejam viver no centro da vontade do Pai.

Não se trata de perfeição, mas de decisão. A cada escolha — seja no trânsito, nas conversas, nas redes sociais ou nos momentos solitários —, temos a oportunidade de escolher o Espírito e não a carne. Quando fazemos isso, mesmo que aos poucos, os frutos começam a aparecer. E é assim, no secreto da alma e nas pequenas atitudes cotidianas, que a transformação verdadeira acontece.

DOWNLOAD DO CÉU

O que Deus falou com você por meio do devocional de hoje?

_____

_____

_____

_____

AÇÃO DO DIA

Faça uma lista das obras da carne que você ainda precisa vencer. Escolha uma delas e escreva ao lado um versículo que pode te ajudar a combatê-la. Ore pedindo a Deus transformação nessa área.

DICA DA DJESSI

Antes de tomar qualquer decisão importante, pergunte-se: "Isso alimenta a minha carne ou fortalece o meu espírito?". Esse hábito te ajudará a escolher o que te aproxima mais de Deus.

O Espírito fortalece,
a carne enfraquece.

Escolha alimentar o que
te aproxima de Deus.

Dia 44 _/_/_

MENTE > PERDÃO

Portanto, como escolhidos de Deus, santos e amados, vistam-se de profunda compaixão, bondade, humildade, mansidão e paciência. Suportem uns aos outros e perdoem as queixas que tiverem uns contra os outros. Perdoem como o Senhor os perdoou. Sobre todas essas coisas, porém, vistam-se do amor, que é o elo perfeito. A paz de Cristo deve ser o juiz no coração de vocês, visto que foram chamados para viver em paz, como membros de um só corpo — e sejam agradecidos. Que a palavra de Cristo habite plenamente em vocês. Ensinem e aconselhem uns aos outros com toda a sabedoria; cantem salmos, hinos e cânticos espirituais a Deus com gratidão no coração. Tudo o que fizerem, seja em palavra, seja em ação, façam-no em nome do Senhor Jesus, dando graças a Deus Pai por meio dele. (Colossenses 3:12–17)

Perdoar não é opção, é um mandamento!

Conviver com pessoas é uma das maiores oportunidades de crescimento espiritual que temos. Em Colossenses 3, Paulo não está apenas nos dando uma sugestão; ele está apresentando um modelo de vida cristã maduro e profundamente comprometido com o amor.

Aqui, ele não fala só de "tolerar" o outro com esforço, mas de se vestir de compaixão, bondade, humildade, mansidão e paciência. Esses são trajes espirituais, e nos vestir deles requer escolha diária.

Você já percebeu como a convivência testa exatamente essas áreas? Seja no trabalho, em casa, na igreja ou até nas redes sociais, lidar com as falhas alheias exige sabedoria, maturidade emocional e espiritual. Tudo isso só é possível quando lembramos que nós mesmas também somos imperfeitas e constantemente perdoadas por Deus.

"Perdoem como o Senhor os perdoou." Essa frase é simples, mas carrega um peso profundo: o padrão do nosso perdão não é a justiça humana, mas a graça divina.

Talvez alguém tenha te ferido profundamente. Talvez a mágoa ainda esteja latejando. Mas hoje, o convite é para você dar um passo. Não de esquecimento, mas de liberdade. Perdoar não é minimizar o erro do outro; é deixar de viver aprisionada a ele.

DOWNLOAD DO CÉU

O que Deus falou com você por meio do devocional de hoje?

_____
_____
_____
_____

AÇÃO DO DIA

Peça a Deus discernimento para entender quais reações suas têm sido imaturas diante de conflitos. Anote em seu diário da jornada uma situação recente em que você poderia ter reagido com mais graça. O que faria diferente hoje?

DICA DA DJESSI

Em vez de insistir em ter razão, escolha a paz. Escreva em seu espelho, no celular ou no diário: "Prefiro ser livre do que estar certa." Isso vai te lembrar que **perdoar é escolher crescer, em vez de empacar.**

Conviver é a escola da graça: todos os dias, Deus nos ensina a amar, perdoar e recomeçar.

Dia 45 _/_/_

 ESPÍRITO › JEJUM

 "Agora, porém", declara o Senhor, "voltem-se para mim de todo o coração, com jejum, lamento e pranto". (Joel 2:12)

Deixe o que não é importante em segundo plano

No versículo destacado para nosso estudo de hoje, Deus repreende os israelitas porque eles haviam se esquecido do Senhor, que agora os convoca: "Voltem-se pra mim". Não bastaria, porém, que eles apenas se lembrassem da existência de Deus! Eles tinham de se render completamente "de todo o seu coração, com jejum, lamento e pranto".

Na Bíblia de Estudos Thomas Nelson, encontramos uma referência sobre o contexto da situação em questão e uma explicação pertinente:

> A destruição que está acontecendo com Israel não é causada por nada inanimado ou por um inimigo seu ou de seu Deus. Em vez disso, os gafanhotos são "seu exército", sob a ordem e o controle do próprio Deus, assim como os exércitos humanos da Assíria e da Babilônia serviram como seus instrumentos de punição. [...] Embora Israel já experimente o juízo de Deus, não deve desistir da esperança; ainda há oportunidade. Deus chama os israelitas, mesmo sendo tão tarde, a mostrarem três tradicionais sinais exteriores de arrependimento: jejum (1:14; 2:15), lamento (Jr 3:21) e pranto (Am 5:16,17). Há também necessidade de uma transformação interior do coração, o centro da vontade humana.

*Notas de rodapé referentes aos versículos 2:11 e 2:12 da Bíblia de Estudos Thomas Nelson – Nova Versão Internacional. São Paulo: Thomas Nelson Brasil, 2021. p. 1674.

Pupila, **Deus quer o seu coração por inteiro!** A prática do jejum é uma ótima forma de priorizar nosso relacionamento com Deus e rejeitar as vontades da carne, pois exige de nós disciplina, disposição, foco e motivação. O texto evidencia a importância de negarmos nossa carne e submetê-la ao jejum. Quando renunciamos ao prazeres carnais para buscar a Deus, somos capacitados a entregar todo o nosso coração a ele. Se houver qualquer outra coisa ou pessoa à qual dediquemos mais a nossa atenção a ponto de nos dominar, aí está um ídolo. Apenas o Senhor pode ocupar esse lugar no nosso coração.

Querida companheira de jornada, a prática do jejum ajudará você a identificar os ídolos presentes em sua vida (ou que tentam ocupar esse lugar), permitindo-lhe exercer o domínio próprio e fazer escolhas conscientes. Lembre-se do que Paulo nos diz: "Todas as coisas são lícitas, mas nem todas convêm; todas as coisas são lícitas, mas nem todas edificam" (1Coríntios 10:23). Com isso, o apóstolo nos indica que podemos, sim, todas as coisas, mas não podemos deixar que nada nos domine.

DOWNLOAD DO CÉU

O que Deus falou com você por meio do devocional de hoje?

_____

_____

_____

AÇÃO DO DIA

Faça um jejum de redes sociais hoje. Se comprometa a ficar sem acessar as redes e perceba o quanto elas exercem de domínio sobre você. Anote seus insights e aprendizados em seu diário da jornada.

DICA DA DJESSI

Desative as notificações das suas redes sociais, tanto as sonoras quanto as visuais. Isso contribuirá para o seu jejum.

Dia 46 _/_/_

 CORPO > SONO

 Retorne ao seu descanso, ó minha alma, porque o Senhor tem sido bom para você! (Salmos 116:7)

Deus nos quer descansados, descanse Nele!

Enquanto eu refletia sobre como abordar o tema de hoje, cheguei à conclusão de que deveria trazer Salmos 116:7, pois ele nos mostra que todos nós temos um bom motivo para descansar no Senhor: Ele tem sido bom para nós!

Quem pode dizer o contrário? Ninguém! Tenho certeza de que, se você está lendo este devocional hoje, é porque está respirando, tem capacidade e desejo de melhorar, e isso, por si só, já basta. Aliás, é muito mais do que ter motivo suficiente.

Para o dia hoje, quero que você estabeleça a meta de mentalizar o seguinte pensamento: "Eu tenho motivos para descansar, o Senhor tem sido bom comigo". Se, em algum momento, sua mente for tomada por pensamentos ruins, negativos ou ansiosos, pare o que estiver fazendo e concentre-se em trazê-la de volta ao lugar de onde ela não deveria ter saído. Para tornar isso seja possível, declare, se possível em voz alta: "Deus tem sido bom comigo, só tenho motivos para agradecer e descansar".

Veja o que o psiquiatra Ismael Sobrinho diz sobre o tema:

> Descansar é uma manutenção do manual de instruções do Criador. Necessária para aumentar o tempo útil da máquina e para uma vida saudável em inúmeras esferas diferentes. [...] Muitas doenças nascem da quebra dos princípios espirituais determinados pelo Eterno. É impossível viver sem adoecer neste mundo acelerado e na sociedade do cansaço se negligenciarmos o descanso. Sim! Descansar não é fácil, principalmente na sociedade das metas e da produtividade a todo custo [...] trabalhe enquanto eles

descansam, mas assuma o risco de ter uma doença psicossomática, um burnout, doença autoimune ou até coisas mais sérias. [...] Que em alguns momentos você ouse sair da tentação da vida corrida e descanse pelo menos uma vez na semana.*

Você pode e deve descansar. Hoje, ao se deitar, ore e mentalize a frase que propus e tenha uma excelente noite de sono. Não se esqueça, pupila, de que você foi salva. Jesus já pagou o preço pela sua saúde mental e pelo seu descanso, por isso você não precisa mais viver preocupada; apenas obedeça às leis, seja fiel, piedosa, bondosa, empática. Tudo o mais, Deus fará.

DOWNLOAD DO CÉU

O que Deus falou com você por meio do devocional de hoje?

_____
_____
_____
_____

 AÇÃO DO DIA

 DICA DA DJESSI

Anote todas as vezes que a preocupação, a ansiedade ou o medo tomar o seu pensamento. Em seguida, declare em voz alta: "Eu não tenho por que me preocupar, o Senhor tem sido bom comigo". Ao final do dia, conte quantas vezes você teve pensamentos intrusivos e ore por isso.

Mantenha um bloquinho de anotações sempre à mão. Anote o motivo de preocupação ou temor; além disso, escreva toda tarefa pendente da qual se lembrar. Essa atitude ajuda a limpar a mente. Se preferir, você pode usar o bloco de notas do celular.

---

*DEUS descansou no ato da criação [...]. Legenda de foto. 28. maio 2024. Instagram: @ismael.sobrinho. Disponível em: bit.ly/Descansar-IsmaelSobrinho. Acesso em: 15. abr. 2025.

Dia 47 _/_/_

ALMA > GRATIDÃO

Não se embriaguem com vinho, que leva à libertinagem, mas sejam cheios com o Espírito, falando uns aos outros com salmos, hinos e cânticos espirituais, cantando e louvando ao Senhor de coração, sempre dando graças a Deus Pai por todas as coisas, em nome de nosso Senhor Jesus Cristo. (Efésios 5:18–20)

Transborde no Espírito!

Em sua carta aos efésios, o apóstolo Paulo nos convida a dar graças constantemente ao Senhor e ser cheios do Espírito de Deus. Ele explica que podemos alcançar essa bênção entoando hinos, louvores e cânticos espirituais. Ao louvar ao nosso Senhor de coração você está agradecendo a Deus.

Se lermos o trecho com atenção, compreenderemos que Paulo, de certa maneira, compara o Espírito Santo ao vinho, o que nos faz questionar por que ele fez essa analogia. Veja:

> A cultura dos hebreus tinha o vinho como bebida principal, tanto que Jesus transformou a água em vinho em uma festa de casamento, contudo a Palavra de Deus tem várias advertências contra o excesso que leva a embriaguês. [...] Nas Sagradas Escrituras, o vinho, juntamente com o pão e o azeite, é visto como bênção de Deus (Os 2.22). Aliás, o vinho era usado até mesmo como remédio (Lc 10.34).[*]

O vinho fazia parte da cultura e do cotidiano do povo de Deus. Naquele tempo, vinho era sinônimo de alegria. Quando refletimos sobre o júbilo que essa bebida fermentada pode proporcinar ao organismo e compreendemos que o Espírito Santo pode causar uma euforia ainda maior.

---

[*]ANDRADE, Claudionor de. A sobriedade na obra de Deus. *Estudantes da Bíblia.* 19 ago. 2018. Disponível em: https://bit.ly/Vinho-CulturaDosHebreus. Acesso em: 15 abr. 2025.

Meu desejo com este devocional é ajudá-la a entender de uma vez por todas que você não depende de nenhuma ajuda externa para ficar alegre e ter motivos para cantar. Tudo de que você precisa já foi lhe dado pelo Espírito de Deus, que habita em você.

Caso você ache que precisa de ajuda recorrente para ficar alegre e busca essa satisfação no álcool, oro para que você seja liberta dessa dependência e seja preenchida pelo Espírito de Deus por intermédio desta leitura. Em nome de Jesus. Amém.

DOWNLOAD DO CÉU

O que Deus falou com você por meio do devocional de hoje?

_____
_____
_____
_____

AÇÃO DO DIA

Se você tem o hábito de consumir bebidas alcoólicas em momentos de descanso ou celebração, que tal trocar esse momento por um tempo de louvor para se encher do Espírito? Em vez de abrir uma garrafa, coloque um louvor que exalte a alegria do Espírito e experimente celebrar com Deus — de coração cheio.

DICA DA DJESSI

Se o hábito de beber está enraizado na sua rotina, prepare-se com antecedência: tenha à mão uma lista de músicas que te conectem com o Espírito, algo gostoso para beber (como um chá ou suco) e crie um ambiente de paz. Aos poucos, sua alma vai se acostumar a buscar satisfação no lugar certo. Faça esse teste!

Que você escolha se embriagar de vida, de louvor e da presença de Deus.

A verdadeira alegria não está nas taças do mundo, mas na plenitude do Espírito.

Dia 48 _/_/_

 ESPÍRITO > ORAÇÃO

 Clame a mim e eu responderei; e direi a você coisas grandiosas e insondáveis que você não conhece. (Jeremias 33:3)

Orar é uma conversa com quem amamos!

Quando Deus disse a Jeremias "clame a mim e eu o responderei", ele apresentou ao profeta uma condição. Poderia ter dito simplesmente: "Fique parado e espere, que eu falarei com você do nada". Mas essa não foi a escolha de Deus.

Percebe a diferença? Nosso Deus deseja um relacionamento real e profundo com seus filhos. Ele não impõe silêncio ou distância. Pelo contrário, Ele nos convida a clamar a Ele, a chamá-lo, a buscar essa conexão intencional. E, em resposta, Ele promete compartilhar conosco coisas grandiosas e insondáveis! Mas, para vivermos essa promessa, precisamos dar o primeiro passo: orar!

Como falei em dias anteriores, a oração é uma conversa com Deus e, nesse sentido, a maneira mais poderosa de fortalecer nossa intimidade com Ele. Por isso não pode ser algo apressado, apenas um hábito noturno de um minuto antes de dormir. Assim como ficamos ansiosas para conversar com as pessoas que amamos, deveríamos sentir esse mesmo desejo em relação a Deus. Afinal, Ele é o maior amor das nossas vidas!

De uma vez por todas, precisamos reconhecer essa necessidade vital de nos conectarmos com nosso Pai Celestial. Ele já demonstrou seu imenso amor por nós ao entregar seu filho para nossa salvação — um presente gratuito e imerecido. Agora, cabe a nós corresponder a esse amor com atitude diária!

E quais são essas atitudes? Orar, ler a Palavra, jejuar, congregar, ensinar nossos filhos sobre Deus, compartilhar o evangelho.

Se ainda precisa de mais um estímulo para orar, aqui vai uma curiosidade incrível: a oração tem um impacto real no seu cérebro! Estudos mostram que orar aumenta a produção de neurotransmissores como a dopamina, melhora o foco, a motivação e traz uma sensação de bem-estar e relaxamento*. Ou seja, além de fortalecer seu espírito, a oração também fortalece sua mente!

DOWNLOAD DO CÉU

O que Deus falou com você por meio do devocional de hoje?

_____

_____

_____

_____

AÇÃO DO DIA

Crie hoje o hábito de "pausas de oração" ao longo do dia. Separe três momentos — manhã, tarde e noite — para conversar com Deus por pelo menos três minutos em cada um deles. Não use esse tempo para pedir coisas: apenas agradeça, louve e compartilhe seus sentimentos com Ele.

DICA DA DJESSI

Coloque alarmes no celular com lembretes carinhosos como "Hora de conversar com Deus" ou "Três minutos com o Pai". Isso vai te ajudar a transformar a oração em uma prática contínua, e não apenas em um evento isolado do dia.

---

*"A ORAÇÃO tem o poder de regenerar o cérebro", afirma médico cristão. Guiame. 22 jul. 2017. Disponível em: https://bit.ly/OracaoPodeRegenerarOCerebro.. Acesso em: 11 set. 2024.

Dia 49 _/_/_

CORPO > ATIVIDADE FISICA

Semelhantemente, nenhum atleta é coroado como vencedor, se não competir de acordo com as regras. (2Timóteo 2:5)

Você só alcançará suas metas se lutar por elas!

O versículo que selecionei para hoje usa a metáfora de um atleta que participa de uma competição de corrida para ilustrar uma verdade espiritual. A mensagem central desse texto é a importância de seguir as leis e os princípios estabelecidos por Deus para nossa caminhada cristã. O apóstolo Paulo enfatiza que, assim como um atleta precisa seguir todas as regras de uma competição para ser coroado vencedor, um cristão deve viver de acordo com os ensinamentos do Senhor para receber sua recompensa espiritual.

A segunda carta de Paulo a Timóteo é uma epístola de encorajamento, na qual ele o exorta a ser diligente, fiel e a viver de maneira que agrade a Deus, sem jamais se esquecer de que a vida cristã exige disciplina, perseverança e obediência. Da mesma maneira que o apóstolo ensinou seu discípulo séculos atrás, escrevo este devocional hoje para instruir você, minha pupila (se é que sou digna disso)!

Não é possível alcançar a vitória se nos recusarmos a obedecer às regras. Deus nos convoca a amar a disciplina. Sim, somos chamadas para viver uma vida regrada e, para que isso se realize, temos de colocar em prática as disciplinas espirituais: leitura bíblica, oração e jejum. Além disso, jamais devemos descuidar do nosso corpo, pois, como afirmei anteriormente, ele é a morada do Espírito Santo.

Estamos chegando ao final da nossa jornada juntas. É importante que você dedique alguns minutos do seu dia para refletir sobre as mudanças que tem vivenciado. Como tem sido estudar este devocional? Você tem praticado o que é proposto? Em relação à atividade física, tema de hoje, você tem visto diferença no seu dia a dia? Você tem tido disposição e disciplina para fazer atividades físicas? E quanto aos demais itens apresentados, você tem se sentido mais disciplinada com as coisas do Reino? Quanto tempo do seu dia você tem dedicado para as coisas eternas?

DOWNLOAD DO CÉU

O que Deus falou com você por meio do devocional de hoje?

_____

_____

_____

_____

AÇÃO DO DIA

Faça uma autoavaliação sincera sobre como você tem cuidado do seu corpo. Reflita sobre estas perguntas:

- Quantas vezes por semana você pratica alguma atividade física?
- Você sente energia ou cansaço constante durante o dia?
- Como tem sido sua alimentação? Seu sono? Sua hidratação?
- Que tipo de movimento faz bem ao seu corpo e à sua mente?

Depois de responder, escolha uma pequena mudança realista que você pode implementar ainda esta semana para cuidar melhor do seu corpo como templo do Espírito Santo.

DICA DA DJESSI

Se tiver dificuldade para visualizar seus hábitos, tente fazer um diário corporal por três dias: anote como você se sentiu fisicamente, se fez alguma atividade, como comeu e dormiu. Isso vai te ajudar a perceber padrões e encontrar pontos de melhoria com mais clareza!

Dia 50 _/_/_

ALMA > IDENTIDADE

 Vejam como é grande o amor que o Pai nos concedeu, a ponto de sermos chamados filhos de Deus, o que de fato somos! Por isso, o mundo não nos conhece, porque não o conheceu. Amados, agora somos filhos de Deus, e ainda não se manifestou o que havemos de ser. Mas sabemos que, quando ele se manifestar, seremos semelhantes a ele, pois o veremos como ele é. Todo aquele que nele tem esta esperança purifica-se a si mesmo, assim como ele é puro. (1João 3:1–3)

Alcançando uma vida de pureza!

O trecho registrado em 1João 3:1-3 é inspirador e encorajador, pois fala do amor de Deus, da nossa identidade como seus filhos e da esperança futura dos cristãos. Vamos analisar essa passagem versículo por versículo.

> Vejam como é grande o amor que o Pai nos concedeu: sermos chamados filhos de Deus, o que de fato somos! Por isso o mundo não nos conhece, porque não o conheceu (1João 3:1).

João começa destacando o amor surpreendente de Deus: fomos adotadas como filhas! Essa nova identidade muda tudo — não somos apenas criaturas, somos parte da família de Deus. E, por isso, é natural que o mundo não nos compreenda. Quem não conhece a Deus, não reconhece o valor da nossa nova identidade.

> Amados, agora somos filhos de Deus, e ainda não se manifestou o que havemos de ser, mas sabemos que, quando ele se manifestar, seremos semelhantes a ele, pois o veremos como ele é (1João 3:2).

Aqui, João nos lembra que nossa identidade já foi transformada, mas ainda será revelada em sua plenitude. Quando Cristo voltar, seremos totalmente transformadas, à imagem dele. O que isso significa? Que nossa jornada não termina aqui: há uma glória futura nos aguardando, e isso nos dá força para continuar.

> Todo aquele que nele tem esta esperança purifica-se a si mesmo, assim como ele é puro (1João 3:3).

Finalmente, a esperança de nos tornarmos semelhantes a Cristo nos motiva a viver de maneira santificada. Mas essa esperança não é passiva. Ela nos move! Quando temos a certeza de quem somos e do que ainda seremos, isso nos inspira a buscar uma vida de santidade. A pureza não é um peso, mas um reflexo da nossa esperança e amor por Jesus. Queremos ser como Ele, porque o amamos e porque sabemos que pertencemos a Ele. Somos chamadas a nos esforçar para viver uma vida santa, purificada do pecado, assim como Jesus é puro.

DOWNLOAD DO CÉU

O que Deus falou com você por meio do devocional de hoje?

_____
_____
_____

AÇÃO DO DIA

Pare um instante e reflita: o que "pureza" significa na sua vida hoje? Essa palavra tem feito sentido para você? Por quê?

DICA DA DJESSI

Antes de responder, leia (ou releia!) o livro de 1 João com calma. Ele ensina de forma profunda sobre comunhão com Deus e com Jesus Cristo. Pode transformar sua compreensão sobre o que significa viver em santidade!

Dia 51 _/_/_

 ESPÍRITO > BÍBLIA

 Bem-aventurado aquele que lê em voz alta as palavras desta profecia, e bem-aventurados aqueles que ouvem e guardam as coisas nela escritas, pois o tempo está próximo. (Apocalipse 1:3)

A felicidade de compreender o Senhor

O versículo de hoje está registrado logo no início do livro de Apocalipse, o último livro da Bíblia. Nele estão registradas as visões proféticas reveladas ao apóstolo João.

Para que possamos entender corretamente o significado do versículo, vou apresentá-lo no vocabulário cotidiano: "Feliz é quem lê as palavras desta profecia, e felizes são os que ouvem e guardam o que nela está escrito..."

Quando João menciona "feliz" (ou "bem-aventurado"), ele se refere à alegria e à bênção que recebe quem se envolve com as palavras da profecia. Para conquistarmos essa felicidade, devemos cumprir três ações importantes:

1. **Ler:** devemos estudar e compreender as palavras da profecia. No tempo bíblico, as Escrituras eram muitas vezes lidas em voz alta nas reuniões das igrejas, pois nem todos tinham acesso a cópias dos textos sagrados.
2. **Ouvir:** é essencial prestar atenção ao que é lido ou proclamado, para realmente internalizar a mensagem. Para os cristãos, ouvir as Escrituras é mais do que uma tarefa a ser cumprida, é receber e meditar na mensagem de Deus.
3. **Praticar:** temos de obedecer à Palavra e colocar em prática o que aprendemos com ela. "Guardar" significa viver de acordo com os ensinamentos e as advertências da profecia.

Apocalipse 1:3 termina com uma advertência que destaca a importância da mensagem: "[...] porque o tempo está próximo". Precisamos estar conscientes de que o que está descrito em Apocalipse está prestes a acontecer, mas ninguém sabe o dia nem a hora. O apóstolo João nos alerta, então, a estarmos preparados todo o tempo e promete bênçãos para aqueles que leem, ouvem e guardam as palavras da profecia que ele nos entrega.

Atenção aos eventos descritos e obediência aos mandamentos divinos são a chave para alcançarmos a promessa que o Senhor nos fez. Você está vigilante e tem sido fiel? O tempo de Deus está próximo!

DOWNLOAD DO CÉU

O que Deus falou com você por meio do devocional de hoje?

_____
_____
_____
_____

AÇÃO DO DIA

Releia o livro bíblico que você escolheu no último desafio e escreva um resumo com as principais lições. Se ainda não o concluiu, separe trinta minutos hoje para retomar a leitura e anotar o que Deus já te falou até aqui.

DICA DA DJESSI

Use marcadores de texto ou *post-its* para destacar versículos que tocarem seu coração. Isso vai te ajudar a fazer um bom resumo e manter viva a mensagem de Deus no seu dia a dia!

Não se trata de medo, mas de prontidão. Não é sobre tentar adivinhar datas, mas viver cada dia com fé, esperança e obediência.

Dia 52 _/_/_

CORPO > ALIMENTAÇÃO

 Assim, quer vocês comam, quer bebam, quer façam qualquer outra coisa, façam tudo para a glória de Deus. (1Coríntios 10:31)

Você está atenta aos seus hábitos?

Hoje, escolhi o versículo de 1Coríntios 13:31 para mostrar a você, pupila amada, que Deus se importa com tudo o que envolve a vida dos seus filhos, inclusive com o que comemos e o que bebemos. Contudo, nós não alimentamos somente o nosso corpo, alimentamos também nossa mente e o nosso espírito com o que comemos de forma virtual, mental e espiritual. Então, tudo o que formos fazer, seja falar, seja comer, seja trabalhar, seja dormir, seja estudar, seja preparar um jantar, seja limpar a casa, seja lavar a louça, seja qualquer outra tarefa ou atividade, literalmente tudo deve ser feito para a glória de Deus.

E o que significa "fazer algo para a glória de Deus"? Isso significa glorificar a Deus por meio daquela atitude ou ação. Então, temos outra pergunta: O que significa "glorificar a Deus"? Nas duas primeiras acepções, o dicionário Houaiss define "glorificar" como:

1. prestar homenagem a; louvar
2. proclamar a glória de; exaltar, celebrar*

Glorificar a Deus por meio das suas ações é celebrá-lo, homenageá-lo, exaltá-lo, e há um único jeito de alcançar isso: fazer tudo o que você tiver para fazer com decência, ordem, gratidão, mansidão, paz e paciência. Isso faz todo o sentido!

---

*GLORIFICAR. In: Dicionário Houaiss. Disponível em: https://bit.ly/Glorificar-Houaiss. Acesso em: 15 abr. 2025.

Então, hoje eu convido você a ficar atenta a toda as suas tarefas no decorrer do dia. Minha sugestão é que você medite enquanto toma seu café, almoça, faz um lanche, pratica atividade física, estuda ou trabalha. Ou seja, sempre que concluir uma atividade, independentemente de qual seja, pergunte a si mesma: "Estou glorificando a Deus comendo o que como e da maneira como como? Estou glorificando a Deus bebendo o que bebo ou da forma como bebo? Estou glorificando a Deus com meu trabalho? E na academia?".

Reflita sobre isso ao longo do dia e foque, principalmente, as ações que envolvem alimentação.

 DOWNLOAD DO CÉU

O que Deus falou com você por meio do devocional de hoje?

_____

_____

_____

 AÇÃO DO DIA

Escolha uma das suas refeições favoritas e monte um prato mais saudável e bonito. Comer com gratidão e capricho também é uma forma de adorar!

 DICA DA DJESSI

Metas são levadas mais à serio quando as estabelecemos de forma real! Então se comprometa, de verdade, mas faça aplicações possíveis dentro da sua realidade. Isso pode produzir menos frustração e gerar frutos muito mais duradouros!

Lembre-se: glorificar a Deus não está restrito aos grandes feitos, mas se revela, sobretudo, na maneira como vivemos os pequenos momentos.

Dia 53 _/_/_

MENTE > PERDÃO

Se alguém tem causado tristeza, não a tem causado apenas a mim, mas, até certo ponto, a todos vocês, sem ser demasiadamente severo. A punição que foi imposta a este pela maioria é suficiente. Agora, ao contrário, vocês devem perdoá-lo e consolá-lo, para que ele não seja dominado por excessiva tristeza. Portanto, peço-lhes que reafirmem o amor que têm por ele. (2Coríntios 2:5–8)

Perdoar também é importante

Ao longo da nossa jornada, falamos diversas vezes sobre o perdão, porque ele é um mandamento do Senhor que promove cura tanto para quem foi ferido quanto para quem feriu. Quando alguém, arrependido, se aproxima buscando reparação, perdoar é uma forma de reabrir caminhos para a restauração emocional e espiritual – não só individual, mas também comunitária. O perdão interrompe a atuação de Satanás, que se aproveita de mágoas e divisões para causar ainda mais destruição.

Deus não quer que os pecados sejam continuamente lembrados, nem que relacionamentos se rompam por falta de reconciliação. Quando abrimos espaço para o rancor, permitimos que o Inimigo atue em nossos pensamentos e atitudes. O perdão, por outro lado, é uma arma espiritual poderosa que resgata pessoas e repara vínculos.

==É importante que tanto quem feriu quanto quem foi ferido possam encerrar essa história com dignidade e restauração,== sem perder uns aos outros no processo. Quando o perdão não acontece por completo, é possível que alguém mergulhe em tristeza profunda. Sem acolhimento, essa dor pode se tornar uma ferida ainda maior.

Também é verdade que perdoar não significa manter o relacionamento a qualquer custo. Às vezes, o afastamento é necessário para preservar a saúde emocional, mas é essencial que ele não seja guiado pela mágoa ou ressentimento. Muitas vezes, o distanciamento é reflexo da falta de perdão e não de uma decisão madura de proteção.

Sempre que possível, busque a reconciliação. Lembre-se: você também é humana, como eu, e, mais cedo ou mais tarde, acabamos ferindo alguém. Se estiver difícil lidar com isso sozinha, procure ajuda. Muitas igrejas oferecem acompanhamento pastoral e aconselhamento cristão com pessoas preparadas para te ajudar a encontrar o melhor caminho.

DOWNLOAD DO CÉU

O que Deus falou com você por meio do devocional de hoje?

_____
_____
_____
_____

AÇÃO DO DIA

Pense em alguém que já te feriu profundamente e com quem você não tem mais contato. Ore sobre isso e peça direção a Deus. Se for possível, envie uma mensagem a essa pessoa.

DICA DA DJESSI

Se você não tiver certeza sobre manter ou não um vínculo com alguém que te machucou, comece incluindo essa pessoa nas suas orações. Converse com Deus sobre essa dor. O Espírito Santo sabe te consolar e te orientar no tempo certo.

Que possamos escolher perdoar e buscar a reconciliação, não como uma obrigação, mas como um ato de amor que reflete a graça divina.

Dia 54 _/_/_

 ESPÍRITO > JEJUM

 Por isso jejuamos e suplicamos essa bênção ao nosso Deus, e ele nos atendeu. (Esdras 8:23)

Reconheça a importância da ajuda divina para sua vida

O capítulo 8 do livro de Esdras foi escrito no contexto do retorno dos israelitas do exílio babilônico, um período significativo na história do povo de Israel. O personagem principal dá nome ao livro: Esdras, um sacerdote e escriba que liderou o povo judeu no retorno para Jerusalém.

O rei Ciro da Pérsia, também conhecido como Artaxerxes, permitiu que os israelitas voltassem à sua terra natal em 538 a.C. e proveu recursos para a jornada. Um dos principais objetivos do retorno era restaurar a adoração e vida comunitária em Jerusalém, inclusive com a reconstrução do templo, que havia sido destruído pelos babilônios. Ter acesso ao local de louvor ao Senhor era fundamental para a identidade e a vida do povo.

Quando pensamos em fazer uma viagem, precisamos preparar alguns documentos, além de planejar hospedagem, alimentação e atividades. Parece tudo muito simples, mas, no tempo de Esdras, as viagens eram feitas a pé ou em animais. Não havia onde conseguir alimento e estadia por longos trechos, então era necessário que tudo fosse muito bem planejado. A viagem até Jerusalém era cercada de ameaças de ataques de inimigos e de dificuldades durante o percurso, principalmente porque havia uma questão espiritual envolvida.

Antes de iniciar a jornada, Esdras proclamou um jejum para buscar a orientação e proteção de Deus. A decisão de jejuar e orar foi uma forma de reconhecer a importância da ajuda divina diante dos desafios e perigos do caminho. ==Abster-se de alimento é uma prática que reflete profunda espiritualidade e dependência de Deus,== características da comunidade israelita. O jejum e a súplica eram uma maneira de buscar a segurança e a bênção de Deus para completar a missão com sucesso.

Charles Spurgeon corrobora esse pensamento ao compartilhar um comentário sobre o período de jejum e oração coletivo em sua igreja: "Nossas épocas de jejum e oração no Tabernáculo foram, de fato, dias maravilhosos; nunca o portão do céu estivera tão largo; nunca nossos corações estiveram tão perto da Glória central".*

E você, já participou de um tempo de jejum e oração coletivos?

DOWNLOAD DO CÉU

O que Deus falou com você por meio do devocional de hoje?

_____
_____
_____
_____

AÇÃO DO DIA

Escolha conscientemente algo que seu corpo deseja muito hoje — pode ser uma comida favorita, um hábito de conforto ou até aquele impulso de ficar rolando o celular — e diga não. Mas não pare por aí: anote como se sentiu ao resistir. Depois, escreva uma pequena oração entregando esse autocontrole a Deus e pedindo forças para perseverar na disciplina.

DICA DA DJESSI

Quando a vontade bater forte, respira fundo e lembra: você não está apenas dizendo "não" ao seu corpo, você está dizendo "sim" a algo maior. Se ajudar, escreve em um *post-it* a frase "Disciplina é liberdade" e deixa num lugar visível. É um lembrete de que dominar os impulsos é um jeito de viver com mais propósito, não de se castigar.

---

*PIPER, John. Nem só de pão viverá o homem. *Livros e sermões bíblicos*. [s. d.]. Disponível em: https://bit.ly/NemSoDePao-Spurgeon. Acesso em: 15 abr. 2025.

Dia 55 _/_/_

CORPO > SONO

Portanto, uma vez que nos foi deixada a promessa de entrarmos no descanso de Deus, temamos para que nenhum de vocês pense que falhou em alcançá-la. (Hebreus 4:1)

O descanso é uma forma de cuidado

Jesus disse em Mateus 11:28: "Venham a mim todos vocês que estão cansados e sobrecarregados, e eu os aliviarei". O Mestre promete nos dar algo que vem, desde o princípio, diretamente do cuidado de Deus. O descanso é concedido, não conquistado! E somente Deus pode concedê-lo.

O descanso dado pelo Senhor aparece várias vezes na Bíblia. Ele tem início e está fundamentado na Criação. Deus havia completado seis dias de obra e determinou que no sétimo dia não houvesse trabalho ou planejamento. Trata-se de um tempo maravilhoso para contemplar e desfrutar do cuidado de Deus por nós.

Quando estive em Israel, aprendi algo que transformou minha visão sobre o descanso. O povo havia sido escravizado no Egito por quatrocentos anos. Escravos não descansam. Eles não sabiam o que era parar, contemplar ou simplesmente existir sem produzir. Por isso, ao tirá-los do cativeiro, Deus precisou ensinar o descanso como um mandamento. Era uma nova forma de viver. O povo poderia, finalmente, aprender a desfrutar do amor e da presença do Senhor. Loucura, não é?

Em nossa cultura e em nosso tempo, entendemos a importância de termos dias de descanso, pois é uma necessidade humana. Naquela época, porém, eles não faziam ideia do significado de "descansar" nem da existência de algo tão bom. Como é bom termos um Deus que se preocupa tanto conosco a ponto de ordenar que seu povo acessasse essa bênção!

O sono reparador é uma das formas de viver esse descanso. E, às vezes, ele é exatamente o que precisamos para renovar forças e ouvir melhor a voz de Deus.

Em um mundo tão acelerado e cheio de demandas, em vez de correr incessantemente atrás de produtividade, podemos aprender a parar, respirar e simplesmente ser, confiando que o Senhor cuida de nós, assim como cuidou do Seu povo no deserto.

DOWNLOAD DO CÉU

O que Deus falou com você por meio do devocional de hoje?

_____

_____

_____

_____

 AÇÃO DO DIA

 DICA DA DJESSI

Neste sábado, desafie-se a descansar de verdade. Separe um momento do seu dia para buscar a presença de Deus e apenas desfrutar. Nada de planejamentos ou tarefas. No fim do dia, anote o que sentiu e aprendeu.

Organize sua semana com antecedência e deixe tudo pronto para que, no sábado, você possa realmente descansar. Planejar bem os dias anteriores é uma forma de honrar esse tempo com Deus!

O descanso é um presente, não uma recompensa.

Dia 56 _/_/_

MENTE > GRATIDÃO

A paz de Cristo deve ser o juiz no coração de vocês, visto que foram chamados para viver em paz, como membros de um só corpo — e sejam agradecidos. (Colossenses 3:15)

A paz que governa o coração

Por causa da morte de Jesus e de seu sacrifício na cruz pelos nossos pecados, hoje não precisamos mais caminhar com medo de errar, tampouco temos a necessidade de carregar o peso de tentar agradar a todos. Cristo conquistou para nós a chance de caminharmos e tomarmos decisões em paz, pois é ele quem nos dá a paz com Deus. Devemos manter viva a consciência de que fomos reconciliadas com o Criador e de que não estamos mais sozinhas: Cristo habita em nós.

Ter consciência da nossa realidade espiritual transforma nossa perspectiva sobre todas as coisas. Sempre que nos sentimos sozinhas, desamparadas, sem ninguém com quem dividir as dores da vida, o medo e a ansiedade podem facilmente se instalar. Entretanto, quando lembramos que Cristo habita em nós por meio do Espírito Santo, conseguimos acessar a paz que excede todo entendimento — mesmo no meio do caos.

Certa vez, ouvi Bill Johnson dizer: "Para experimentar a paz que excede todo entendimento, você precisa abrir mão do direito de entender." E é uma grande verdade, pois essa paz é impossível de explicar. No versículo do nosso estudo de hoje, o apóstolo Paulo finaliza dizendo: "e sejam agradecidos", porque, ainda que não compreendamos essa paz, a gratidão nos leva a reconhecer a soberania e o cuidado amoroso de Deus sobre nós.

O Senhor nos conduz para mais perto da verdade quando tira nosso foco da visão limitada e nos aponta para o alto, onde está nossa verdadeira vida.

Para nós, cristãs, a paz que vem do Criador não é apenas um sentimento, é um estado de espírito. Essa paz não depende das circunstâncias ou da nossa capacidade de entender tudo o que acontece ao nosso redor. Ao reconhecer que a presença de Cristo em nós é mais poderosa que qualquer desafio, podemos viver com serenidade, mesmo diante da incerteza. Então, toda vez que você não se sentir em paz, pare, ore, clame pelo sangue de Jesus, declare que o Príncipe da Paz habita em você... e que não há nada a temer.

DOWNLOAD DO CÉU

O que Deus falou com você por meio do devocional de hoje?

_____

_____

_____

 AÇÃO DO DIA

Ao longo do dia, esteja atenta aos momentos em que você sentir paz. Anote o que estava fazendo, onde estava e o que havia ao seu redor. Ao final do dia, agradeça a Deus por essas pequenas manifestações da presença dele.

 DICA DA DJESSI

Quando sentir que a ansiedade está querendo dominar seu coração, pare por alguns minutos. Respire fundo, coloque uma música tranquila e ore, declarando: "A paz de Cristo governa meu coração. Eu sou habitação do Príncipe da Paz." Faça disso um hábito diário, mesmo nos dias bons.

Lembre-se: a paz verdadeira não vem das circunstâncias, mas da presença de Cristo em nossas vidas.

Dia 57 _/_/_

 ESPÍRITO > ORAÇÃO

 Por volta da meia-noite, Paulo e Silas estavam orando e cantando hinos a Deus, e os outros presos os ouviam. De repente, houve um terremoto tão violento que os alicerces da prisão foram abalados. Imediatamente, todas as portas se abriram, e as correntes de todos se soltaram. (Atos 16:25–26)

Pare de reclamar e comece a orar!

Eu amo a história bíblica do nosso texto de hoje. No início da minha caminhada com Cristo, quando ainda estava me firmando na fé, fui à Igreja Hillsong e ouvi um pregador ministrar sobre esse momento da vida de dois homens que, mesmo presos, não desistiram de orar nem de louvar a Deus.

Em determinado ponto, ele disse: "Pare de reclamar e comece a orar." Essas palavras mexeram profundamente comigo! Na hora, lembrei de quantas vezes escolhemos reclamar quando poderíamos estar orando, intercedendo e adorando — como Paulo e Silas fizeram.

É impressionante como eles conseguiram manter sua vida espiritual ativa mesmo presos injustamente. Eles foram levados à prisão por servirem ao Senhor, expulsando o espírito imundo de uma mulher. Foi uma decisão injusta e autoritária contra quem só estava pregando a Palavra de Deus.

Ainda assim, ao invés de murmurarem ou se revoltarem, a Bíblia nos diz que eles oraram e cantaram... Uau!

Em uma situação como essa, qualquer um entraria em desespero. Mas Paulo e Silas criam que Jesus estava no controle. E é justamente por isso que puderam louvar e orar, mesmo em meio à aflição.

A vida de Paulo e Silas nos ensina que o poder do louvor e da oração não depende das circunstâncias externas, mas da nossa atitude interior.

Quando escolhemos focar em Deus, independentemente das dificuldades, somos capazes de experimentar uma paz que vai além da compreensão. As prisões da vida podem ser muitas – problemas financeiros, relacionamentos difíceis, desafios profissionais – mas, assim como eles, podemos transformar o nosso sofrimento em uma oportunidade de glorificar a Deus.

Estamos quase no fim da nossa jornada. E vale a pena refletir: será que conseguimos agir como Paulo e Silas? O testemunho deles te confronta? Você se arrepende de ter reclamado por coisas simples? Será que hoje é um bom dia para mudar?

Vamos, juntas, para a ação?

DOWNLOAD DO CÉU

O que Deus falou com você por meio do devocional de hoje?

_____
_____
_____
_____

AÇÃO DO DIA

Hoje, troque cada murmuração por uma oração. Quando algo te irritar ou entristecer, respire fundo e diga: "Senhor, me ajuda a ver isso com os teus olhos." No fim do dia, compartilhe com alguém como foi fazer essa troca. Você vai se surpreender com o poder que há nisso!

DICA DA DJESSI

Você pode até deixar um lembrete no celular ou escrever em um *post-it*: "Pare. Ore. Confie." Tenha isso por perto durante o dia como um lembrete visual de que você está escolhendo responder com fé, não com reclamação. No fim do dia, anote em seu diário da jornada uma coisa que mudou dentro de você por ter escolhido orar em vez de reclamar.

Dia 58 _/_/_

CORPO > ATIVIDADE FÍSICA

 A glória dos jovens está na sua força; a honra dos idosos, nos seus cabelos brancos. (Provérbios 20:29)

Cada estação tem a sua própria beleza. Veja-a como Deus vê.

A beleza está além do que os olhos veem. Você sabe, não é, pupila? Cada fase da vida tem características diferentes, tanto positivas como negativas. Provérbios 20:29 destacam as qualidades da juventude e da velhice.

Você já parou para refletir sobre a profundidade do versículo de hoje? Vamos entender os detalhes:

- **"A glória dos jovens está na sua força":** é comum associarmos a juventude a vitalidade, energia e força física. Essas características fazem dos jovens, pessoas ativas, que enfrentam desafios físicos e realizam tarefas que exigem força. A beleza da força é ser símbolo do potencial e da capacidade da juventude de realizar grandes feitos.

- **"A honra dos idosos [está] nos seus cabelos brancos":** a sabedoria, a experiência e a maturidade são os pontos mais valorizados da velhice. Ter cabelos brancos significa ter uma vida longa, que proporciona sabedoria e serve como expressão visual da experiência de vida. Além disso, os cabelos brancos são um indicativo da dignidade e do respeito que acompanham a idade. Uau! Poderoso, não é?

==Devemos celebrar a vida e reconhecer a beleza e o valor de cada fase.==
Os jovens são admirados pela nossa força e capacidade de ação; os mais velhos, honrados por sua sabedoria e experiência. Apesar disso, todas as fases da vida têm desafios a serem superados.

Quando uma pessoa é jovem, demora para se cansar, tem mais fôlego e ao errar tende a se reerguer rapidamente, tem mais tempo, sofre menos pressão, tem menos medo. Há também pontos negativos, como a ansiedade para resolver a vida e alcançar a estabilidade. Com a idade, porém, o ritmo cai, a energia não é igual e há pressão para sustentar uma casa, cuidar de quem depende de você, além da impressão de que os dias passam cada vez mais rápido. A maturidade é o grande ponto positivo que acompanha todo esse processo.

Você compreendeu que não existe época perfeita da vida? Tanto a juventude como a velhice carregam prós e contras. Então, abandone de vez a comparação e qualquer crença que impeça você de se levantar uma praticar atividade física. O tempo passa, a idade chega, a vitalidade se vai. Quando esse tempo chega, não há como voltar atrás: vença hoje o gigante dentro de você!

DOWNLOAD DO CÉU

O que Deus falou com você por meio do devocional de hoje?

_____

_____

_____

_____

AÇÃO DO DIA

Agende uma avaliação médica ou física preventiva — pode ser com seu clínico geral ou outro profissional de saúde de confiança. Essa é uma forma de cuidar do corpo com sabedoria e viver com mais consciência, aproveitando o melhor da fase em que você está hoje.

DICA DA DJESSI

Não espere a consulta para se mexer! Dê o primeiro passo hoje mesmo: alongue-se pela manhã, suba escadas em vez de usar o elevador ou faça uma caminhada de dez minutos. O importante é começar — seu corpo vai te agradecer!

Dia 59 _/_/_

 MENTE > IDENTIDADE

 Antes de formá-lo no ventre, eu o escolhi; antes de você nascer, eu o separei e o designei profeta às nações. (Jeremias 1:5)

Você foi escolhida!

Você tem alguma lembrança de, na sua infância, ter sido escolhida para participar de um grupo ou para participar de um campeonato de futebol, ou ainda para fazer parte de uma apresentação do coral da escola? Independentemente da finalidade, você se lembra de ter sido escolhida para fazer algo?

Eu me lembro com clareza de um episódio oposto. Certo dia, aconteceu uma seletiva e eu não fui escolhida para participar do campeonato de futebol. Todas as minhas amigas foram escolhidas e estavam lá, mas eu não. Fiquei muito frustrada, chateada, e me perguntei repetidas vezes o porquê de logo eu não ter sido uma das selecionadas. Pouco tempo depois, a resposta veio por intermédio do meu professor de educação física, que me disse: "Djessica, você deveria dançar ballet. Você não tem talento para jogar futebol, mas tem para dançar!". Que frustração!

No mundo em que vivemos é assim, você é escolhido ou não devido às competências e habilidades que desenvolveu ao longo da vida. Com Deus, porém, não é assim! Nosso versículo de hoje diz que fomos escolhidos pelo Senhor antes mesmo de sermos formados no ventre. O profeta Jeremias registrou isto para que não nos esquecêssemos: Deus me escolheu e escolheu você antes de sermos formados no ventre da nossa mãe.

Deus não faz acepção de pessoas, todos os filhos dele são iguais. Ele escolheu a todos nós para estarmos aqui neste momento. Para a concepção ser possível, que é o início da vida, são necessárias várias etapas: ovulação; fertilização, divisão celular e implantação.* Imagine quanto mais

---

*CONCEPÇÃO. In: Santa Joana Hospital e Maternidade. São Paulo: Santa Joana. Disponível em: https://bit.ly/Concepção. Acesso em: 15 abr. 2025.

foi necessário para que você, enquanto era bebê, crescesse no útero de sua mãe de maneira adequada e saudável! A probabilidade de algo dar errado é muito grande. Então, se cada uma de nós está aqui, viva, hoje, podemos (e devemos) louvar a Deus e nos sentir amadas e escolhidas por Ele.

Qual é a sensação de ser escolhida por alguém?

DOWNLOAD DO CÉU

O que Deus falou com você por meio do devocional de hoje?

_____
_____
_____
_____

AÇÃO DO DIA

Monte uma "cápsula da identidade": escreva uma carta para si mesma contando quem você é aos olhos de Deus — escolhida, amada, sonhada, única. Coloque também versículos que reafirmem essa verdade. Guarde essa carta em um envelope e escreva na frente: "Abrir quando esquecer quem eu sou". Depois, esconda-a em algum lugar especial.

DICA DA DJESSI

Dê um nome para a mulher que você está se tornando com Jesus. Pode ser algo como "Mulher corajosa", "Filha escolhida", "Guardiã da alegria" — algo que represente sua essência. Escreva esse nome no papel de parede do celular ou crie uma figurinha com ele. Deixe essa nova identidade te lembrar, todos os dias, quem Deus diz que você é.

Você foi sonhada, planejada e amada por Deus antes mesmo de existir!

Dia 60 _/_/_

ESPÍRITO > BÍBLIA

Ó Deus, tu és o meu Deus, eu te busco intensamente; a minha alma tem sede de ti! Todo o meu ser anseia por ti como em uma terra seca, exausta e sem água. Certamente, eu te contemplei no santuário e vi o teu poder e a tua glória. O teu amor leal é melhor do que a vida! Por isso, os meus lábios te exaltarão. Enquanto viver, eu te bendirei e em teu nome levantarei as minhas mãos. A minha alma ficará satisfeita como quando tem rico banquete; com lábios jubilosos a minha boca te louvará. Quando me deito, lembro-me de ti; penso em ti durante as vigílias da noite. Porque és a minha ajuda, canto de alegria à sombra das tuas asas. A minha alma apega-se a ti; a tua mão direita me sustém. Aqueles, porém, que querem matar-me serão destruídos; descerão às profundezas da terra. Serão entregues à espada e devorados por chacais. O rei se alegrará em Deus; todos os que juram pelo nome de Deus o louvarão, mas a boca dos mentirosos será fechada. (Salmos 63:1–11)

Tenha fome e sede da Palavra!

O salmo 63 foi escrito pelo rei Davi e foi composto no deserto de Judá. Há duas possíveis circunstâncias para essa composição: durante sua fuga de Absalão, o filho que se rebelou contra ele (2Samuel 15-18), ou quando fugia de Saul (1Samuel 23).

Ambas mostram Davi exilado, longe de Jerusalém e do Tabernáculo da presença de Deus. Sua angústia por estar afastado do santuário é evidente no salmo. Na cultura hebraica, o santuário (Tabernáculo ou, mais tarde, o Templo) era o local da adoração onde a presença de Deus habitava de modo especial.

A metáfora da "terra seca e sem água" reflete tanto o deserto físico quanto a sede espiritual de Davi, que ansiava por comunhão com o Senhor. Expressões como "levantar as mãos" e "lábios jubilosos" fazem referência às práticas de adoração da época, em que gestos e cânticos tinham grande importância.

Essas informações são enriquecedoras, não é mesmo? Na época de Davi, o véu que separava o povo do lugar sagrado ainda não tinha se rasgado, o Espírito Santo ainda não tinha sido enviado, e Jesus ainda não havia pisado na Terra. A presença de Deus não era acessível a todos, pois estava confinada ao Tabernáculo. Por isso, como fugitivo e exilado, Davi sentia profunda saudade da presença do Senhor..

Pense em uma pessoa que você ama muito, como um familiar, seu cônjuge ou filho. Imagine-se tendo de ficar um mês inteiro sem poder falar com essa pessoa. Seria horrível! Passei por situação semelhante quando meu noivo foi passar o Natal com a família em Nova York, e eu fiquei no Brasil. Que angústia! Eu olhava o telefone a cada dez minutos, esperando uma mensagem ou uma foto para aliviar a saudade.

Será que sentimos essa falta quando nos afastamos da presença de Deus, quando não oramos ou não lemos a Bíblia? Que hoje você possa valorizar a Palavra e a presença de Deus assim como Davi a valorizava. Que sua oração seja esta: *Deus, coloque esse anseio no seu coração.*

DOWNLOAD DO CÉU

O que Deus falou com você por meio do devocional de hoje?

___
___
___
___

AÇÃO DO DIA

Escolha um trecho da Bíblia que você já ama muito e leia-o em voz alta, saboreando cada palavra. Grave esse momento no celular, como se fosse um áudio para alguém muito querido. Depois, escute sua própria voz e reflita: o que esse texto revela sobre quem Deus é para você?

DICA DA DJESSI

Crie uma playlist chamada "Fome e sede de Deus" e adicione músicas que te lembram da presença de Deus ou da sua Palavra. Sempre que sentir distração ou secura espiritual, dê play. Às vezes, a trilha sonora certa reacende a paixão.

Que a
fome da alma
te leve à mesa
da Palavra.

Dia 61 _/_/_

CORPO > ALIMENTAÇÃO

 Não ande com os que se embriagam com vinho nem com os que se empanturram de carne. Pois os bêbados e os glutões se empobrecerão, e a sonolência os vestirá de trapos. (Provérbios 23:20–21)

Moderação é a base da vida equilibrada

Moderação, temperança, equilíbrio — essas virtudes são essenciais para a vida saudável que tanto almejamos. Os versículos da nossa leitura de hoje trazem um importante ensinamento: devemos evitar excessos, nos desviar das más companhias e termos uma vida moderada. O autor de Provérbios, normalmente creditado ao rei Salomão, nos alerta para os perigos de nos associarmos àqueles que se entregam à embriaguez e à gula; esses comportamentos levam à pobreza e à degradação, tanto física quanto espiritual.

Na época em que a Bíblia foi escrita (aproximadamente no século X a.C.), a sociedade era agrária e vivia em comunidades cujo sustento dependia de trabalho duro e cooperação. O vinho e a carne eram símbolos de luxo e abundância, mas também denunciavam os excessos, pois a embriaguez e a glutonaria eram associadas à irresponsabilidade, ao desperdício e ao afastamento de Deus. O autor de Provérbios buscava ensinar princípios da sabedoria prática, da disciplina e da vida equilibrada.

Quando trazemos esses princípios para os dias de hoje, observamos que os excessos continuam a ser um problema social, mas os meios se ampliaram e os impactos são diferentes. Nesta nossa sociedade pós-moderna, os excessos envolvem mais do que comida e bebida, incluem o consumo de bens materiais, de tecnologia e até o trabalho excessivo. Além disso, a pobreza global gerada por esses comportamentos pode referir-se ao aspecto financeiro, mas também às questões de saúde, relacionamentos e bem-estar emocional.

A mensagem essencial permanece a mesma e completamente relevante: o chamado à moderação, à sabedoria nas escolhas e ao cuidado com as influências ao nosso redor. A diferença está na amplitude de como os excessos se manifestam nos dias atuais e nos contextos cultural e tecnológico em que vivemos.

DOWNLOAD DO CÉU
O que Deus falou com você por meio do devocional de hoje?

_____

_____

_____

_____

AÇÃO DO DIA

Separe cinco minutos para ficar em silêncio na presença de Deus. Peça ao Espírito Santo que te mostre com clareza em quais áreas você tem vivido sem moderação — seja no comer, no gastar, no sair ou até no uso do celular. Depois, anote três mudanças concretas que você deseja iniciar ainda hoje. Coloque essas decisões em oração e peça força para dar o primeiro passo.

DICA DA DJESSI

Coloque um lembrete no seu celular com a frase: "Moderação é liberdade". Programe para ele aparecer no horário em que você mais costuma exagerar — seja na comida, nas redes ou nos gastos. Esse lembrete vai te ajudar a lembrar do compromisso que você assumiu com Deus e com você mesma hoje.

Lembre-se: viver com equilíbrio é escolher, todos os dias, a sabedoria que preserva o corpo, protege a mente e aproxima o coração de Deus.

Dia 62 _/_/_

ALMA > PERDÃO

 Pedro respondeu: "Arrependam-se, e cada um de vocês seja batizado em nome de Jesus Cristo para que os seus pecados sejam perdoados, e vocês receberão de Deus o Espírito Santo. Pois essa promessa é para vocês, para os seus filhos e para todos os que estão longe, isto é, para todos aqueles que o Senhor, nosso Deus, chamar." (Atos 2:38–39)

Arrependimento, perdão e batismo

Jesus e João Batista enfatizavam muito a importância do arrependimento, do perdão e do batismo. Devemos seguir os passos do Mestre Jesus, como ele nos ordenou (Mateus 28:18,19).

No texto de hoje, Pedro proclama a salvação por meio do Messias prometido aos judeus, ampliada a seus filhos e a todos os que estão longe (Efésios 2.11-13). A mensagem de Atos é: o evangelho é para todos: judeus e gentios. Para TO-DOS.

As promessas de Deus incluem os filhos dos cristãos, embora cada indivíduo de cada geração tenha de receber pessoalmente a promessa pela fé. Que promessa maravilhosa, hein?

No entanto, fica aqui uma pergunta sincera: você já se arrependeu de verdade pelos seus pecados? Entendeu que é uma pecadora e precisa de perdão? Caso você tenha entendido isso apenas hoje, eu a convido a fechar os olhos, pupila, e orar. Apenas diga ao Senhor que entendeu o quão pecadora é e que o reconhece como Senhor e Salvador. Peça para que o Espírito Santo faça morada em seu coração.

Como estamos chegando ao final desta jornada, quero te convidar a selar uma aliança com o Senhor, se for seu desejo, é claro: batizar-se, pois o batismo é o ato físico e público do que aconteceu no seu coração. Coloque isso em oração e peça ao Espírito Santo para guiá-la em relação ao seu batismo, o seu novo nascimento.

Eu me lembro do dia 21 de abril de 2019, meu batismo, pois ele foi muito significativo. Eu frequentava a igreja desde agosto de 2018, quando me aproximei de Deus. Nesse período, comecei a trabalhar como garçonete, em paralelo ao meu trabalho como DJ; era corrido e sufocante. Nesses meses, o Senhor me esticou e transformou. Sou extremamente grata por essa fase. Se você está sob pressão e transformação, como azeitonas em uma prensa de azeite, alegre-se, pois você está sendo lapidada pelo Mestre.

Coincidentemente, o dia do meu batismo também foi o meu último dia como garçonete, depois de oito meses de muita correria, sufoco e desespero. Conquistei liberdade dupla: espiritual e na vida cotidiana. Experimente essa transformação você também!

DOWNLOAD DO CÉU

O que Deus falou com você por meio do devocional de hoje?

_____
_____
_____
_____

AÇÃO DO DIA

Reserve um tempo hoje para orar com sinceridade sobre o seu arrependimento e a decisão de seguir Jesus de verdade. Peça ao Espírito Santo que te revele um comportamento, hábito ou atitude que precisa ser transformado. Escreva isso em seu diário da jornada e anote uma ação prática que você pode começar hoje — seja pedir perdão a alguém, cortar um mau hábito ou iniciar uma nova prática alinhada com a vida em Cristo.

DICA DA DJESSI

Escolha uma atitude concreta para provar esse novo caminho: se tem falado com grosseria, que tal escrever uma mensagem carinhosa pra alguém hoje? Se tem sido impaciente, respire fundo e conte até dez antes de responder. O primeiro passo já mostra ao céu que você está decidida a mudar.

Arrependimento é *mudança* de comportamento!

Dia 63 _/_/_

ESPÍRITO > JEJUM

 O jejum que me agrada é que vocês repartam a sua comida com os famintos, que recebam em casa os pobres que estão desabrigados, que deem roupas aos que não têm e que nunca deixem de socorrer os seus parentes. (Isaías 58:7, NTLH.)

Jejum é mais do que abstinência!

Na época de Isaías, havia injustiça social, idolatria e abandono dos mandamentos de Deus. Havia rituais religiosos, mas não temor ao Senhor. Os versículos de hoje dizem que o verdadeiro jejum é acompanhado de justiça, compaixão e ação. Vamos entender melhor:

- "que soltem aqueles que foram presos injustamente, que tirem de cima deles o peso que os faz sofrer": liberdade. O jejum verdadeiro inclui a luta pela liberdade e dignidade, assim como ações contra injustiça.

- "que ponham em liberdade os que estão sendo oprimidos, que acabem com todo tipo de escravidão": justiça. Jejuar é lutar em favor dos que sofrem qualquer tipo de escravidão: física, social ou emocional.

- "repartam a sua comida com os famintos, que recebam em casa os pobres que estão desabrigados": generosidade. Jejum e compartilhamento do que temos andam juntos; devemos ajudar as vítimas da extrema pobreza, refugiados e pessoas que sofreram com tragédias naturais como se estivéssemos servindo ao próprio Senhor.

- "que deem roupas aos que não têm e que nunca deixem de socorrer os seus parentes": ajudar ao próximo. O jejum ganha significado quando é acompanhado por um coração disposto a atender às necessidades práticas do próximo e a refletir o amor de Deus.

A mensagem principal de Isaías 58:6-7 é que Deus valoriza mais a justiça e o amor prático ao próximo do que rituais vazios. O jejum verdadeiro não trata apenas da abstinência física de alimentos e bebidas, mas é um processo espiritual que transforma o coração humano e resulta em ações que beneficiam os outros.

Entendi que deveria encerrar esta jornada com uma visão aprofundada sobre o jejum. precisamos, sim, jejuar de alimentos e bebidas como vimos anteriormente, mas o verdadeiro jejum, de acordo com a Bíblia, é o amor em ação.

Que possamos finalizar este tempo precioso juntas com entendimento de que a Bíblia é a Palavra viva de Deus, poderosa para nos alcançar, nos transformar e mudar as nossas atitudes. Amém!

DOWNLOAD DO CÉU

O que Deus falou com você por meio do devocional de hoje?

_____
_____
_____
_____

AÇÃO DO DIA

Que tal jejuar hoje da indiferença? Em vez de passar batido por uma necessidade que você vê — seja na sua casa, no grupo do bairro, nas redes sociais — pare e aja. Manda mensagem, compartilha um link de ajuda, estende a mão. O jejum que Deus quer é aquele que transforma a vida de alguém por meio da sua. Bora ser resposta de oração?

DICA DA DJESSI

Fique atenta às pequenas oportunidades de demonstrar compaixão hoje. Às vezes, um gesto simples — como ouvir com atenção, elogiar sinceramente ou oferecer ajuda — já é um jejum poderoso. Ore de manhã pedindo a Deus sensibilidade para perceber e agir com amor.

roda da vida

Pupila, parabéns por chegar até aqui! Você é fruto de cada sim que disse, de cada manhã que escolheu recomeçar. Espero que essa jornada tenha acendido em você uma fé que permanece.

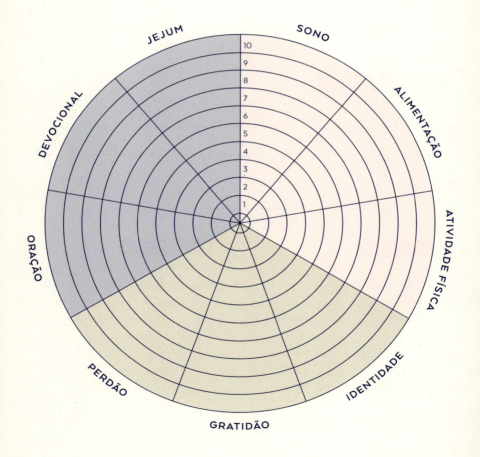

Você não é mais a mesma. E não porque terminou um livro, mas porque começou uma nova maneira de viver.

A verdadeira transformação não acontece apenas nos dias de inspiração, mas na constância silenciosa dos dias comuns. O que você viveu aqui, ao longo desses 63 dias, ultrapassou o entusiasmo inicial e começou a se enraizar na sua rotina, na sua mente, no seu coração.

Agora, com esta última roda, é tempo de celebrar, mas também de projetar. Esta página não é só uma avaliação. Ela é um espelho da sua jornada e uma bússola para os seus próximos passos. Compare sua primeira roda com esta. Onde você mais evoluiu? O que ainda pode ser ajustado com graça e intencionalidade?

Olhe para trás com gratidão, sim. Mas olhe também para frente com ousadia, fé e esperança renovada.

- Quais hábitos quero manter de forma permanente a partir de agora?
  _____
- Se minha vida fosse uma nova estação a partir de hoje, qual seria o nome dela?
  _____
- O que Deus está me chamando para viver daqui em diante?
  _____

Reserve um tempo para desenvolver essas respostas no seu diário da jornada. Permita-se sonhar tendo Deus como seu aliado neste processo. Permita-se crer no que ainda não vê. A sua nova versão está só começando. E o altar continua de pé, te esperando todos os dias.

Você não terminou um livro. Você deu início a uma nova versão de si mesma. Celebre sua caminhada!

parabéns, pupila amada!

Você chegou até aqui. Foram 63 dias de entrega, reflexão, ação e fé. Que jornada linda!

Talvez você tenha começado sem saber o quanto isso te transformaria. Talvez tenha tropeçado no meio do caminho, mas levantou. Talvez tenha chorado em algumas páginas, sorrido em outras. Mas chegou.

E isso, pupila, é graça. É Deus. É você vivendo no altar.

Eu oro para que este livro tenha sido uma bênção na sua vida. Mas mais do que isso, que tenha sido um ponto de virada, um tempo de alinhamento, um reencontro com a mulher que você foi criada para ser.

Lembre-se: a jornada não termina aqui. Viver no altar é um estilo de vida. É relacionamento diário com Deus, é cuidar do corpo, da mente e do espírito com consciência e gratidão. É recomeçar todos os dias com fé.

Nos vemos em breve — seja em novos livros, encontros, cursos, lives ou apenas quando você reler estas páginas com outros olhos.

Bora voar, pupila amada!
Deus abençoe sua vida!

minha transformação em 63 dias

Você concluiu a jornada de transformação de 63 dias com sucesso — que alegria!

Conte para mim: quais foram as principais mudanças que você viveu em cada uma das áreas?

△ **CORPO:** _____

_____

▽ **MENTE:** _____

_____

▽ **ESPÍRITO:** _____

_____

declaração final:

Declaro que minha transformação não tem data de validade. Eu sigo *no altar*, vivendo com propósito, equilíbrio e fé, um dia de cada vez.

Data: ____ /____ /____   _____
                                          ASSINATURA

Tire uma foto desta página preenchida e compartilhe nos seus stories ou feed. Use a hashtag #NoAltar63dias e marque @djessib para que eu possa ver sua transformação!

sobre a autora

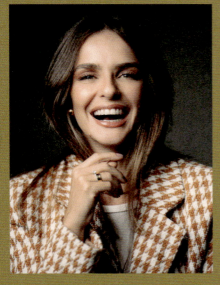

DJESSI é apaixonada por desenvolvimento pessoal e espiritual. Ao longo dos anos, já mentorou e impactou milhares de mulheres no Brasil e ao redor do mundo, ajudando-as a alcançar uma transformação consistente no corpo, na mente e no espírito.

Movida por ação e propósito, Djessi é ativa tanto nas práticas físicas quanto espirituais. Ama motivar e inspirar quem está à sua volta a viver com mais disciplina, intencionalidade e produtividade.

Comunicadora nata, já morou e estudou em diversos países e entrevistou grandes personalidades. Possui graduação em marketing e também é formada em Artes Cênicas pela Escola de Atores Wolf Maya, além de possuir diversos cursos na área de inteligência emocional por instituições como Febracis, Tony Robbins, entre outras. Atualmente, cursa Psicologia e segue em constante busca por aprendizado e crescimento.

Este livro foi impresso em 2025 pela Braspor
para a Thomas Nelson Brasil.
O papel do miolo é Ivory 65 g/m² e as fontes
usadas são Arquitecta e Noto Serif.